Liebe Mütter, liebe Väter,

als Eltern tun Sie alles, damit aus Ihren Kindern gesunde, zufriedene und selbstständige Erwachsene werden können. Eine wichtige Rolle spielen dabei auch das Vorlesen und gemeinsame Lesen. Beides ist für die Entwicklung von Kindern genauso förderlich wie gesunde Ernährung oder Bewegung! Außerdem gibt es fast nichts Schöneres für ein kleines Kind als mit Mama oder Papa zu kuscheln und dabei die neuesten Abenteuer ihrer fantasievollen Helden zu hören. Vorlesen schafft eine Atmosphäre von Vertrauen und Geborgenheit und stärkt die Bindung zwischen Eltern und Kindern. Damit es von Anfang an gelingt und allen Spaß macht, haben wir hier einige Tipps für Sie zusammengestellt:

Nehmen Sie sich Zeit
Schenken Sie Ihrem Kind beim Vorlesen Ihre volle Aufmerksamkeit, Ruhe ist dafür sehr wichtig. Die Vorlesezeit kann zu einem geliebten Ritual werden, wenn sie regelmäßig stattfindet, zum Beispiel kurz vor dem Schlafengehen, um den Tag gemeinsam ausklingen zu lassen.

Lesen Sie stimmungsvoll vor
Wenn Sie Ihre Stimme und Vorlese-Lautstärke der Handlung anpassen, erhöhen Sie die Spannung und den Zuhör-Spaß. Sprechen Sie laut, deutlich und so langsam, dass Ihr Kind Ihnen gut folgen kann.

Fördern Sie die Konzentration Ihres Kindes
Indem Sie Fragen zur Geschichte stellen, ermuntern Sie Ihr Kind, ganz genau hinzuhören. Zum Beispiel: Was ist da passiert?

Regen Sie zum Nachdenken an
Beziehen Sie durch Fragen die Alltagserfahrungen Ihres Kindes ein. Zum Beispiel: Ist dir das auch schon einmal passiert? Was würdest du machen?

Lassen Sie Ihr Kind kreativ werden
Regen Sie Ihr Kind an, die Geschichte weiterzuerzählen oder ein Bild dazu zu malen.

Wir wünschen Ihnen und Ihren Kindern wundervolle gemeinsame Momente.

Stiftung Lesen

Weitere Lese- und Medientipps gibt es auf www.stiftunglesen.de

Gesamtherstellung: Ullmann Medien GmbH, Potsdam

Illustrationen: Heike Vogel

ISBN 978-3-7415-0000-8

Petra Maria Schmitt · Christian Dreller

Warum haben Zebras Streifen?

Schlaue Geschichten für kleine Leute

Bilder von Heike Vogel

ullmann medien um

Inhalt

Warum kann man sich nicht selbst kitzeln?

Heute muss Hanna zum Kinderarzt. Nein, keine Sorge, Hanna ist nicht krank. Sie hat keine Bauchschmerzen, und der Kopf tut ihr auch nicht weh. Hanna wird heute geimpft. Das macht einen kleinen Piks, und dann ist es auch schon geschafft.

»Aber vorher gibt's noch eine Runde Kitzeln«, sagt Papa.

»Oh ja!«, ruft Hanna. Sie liebt es, von Mama oder Papa gekitzelt zu werden. Sofort rennt sie zum Sofa. Hier kann man sich beim Kitzeln

nämlich so richtig toll hin und her wälzen. Kaum ist Hanna am Sofa angekommen, ist Papa auch schon da und kitzelt sie am Bauch, am Hals und unter den Füßen. Dort ist Hanna nämlich besonders kitzlig.

»Hihihihihi …«, macht Hanna und krümmt sich vor Lachen. Das macht Spaß.

Mama taucht an der Wohnzimmertür auf. »So, jetzt wollen wir aber los, Hanna«, sagt sie und sieht auf die Uhr. »Um zwei müssen wir beim Arzt sein.«

»Ich bin aber noch gar nicht ausgekitzelt«, beschwert sich Hanna.

»Wenn wir zurück sind, können wir ja weiterkitzeln«, schlägt Mama vor.

»Das ist doch ein Angebot!«, sagt Papa aufmunternd.

Aber so ganz glücklich ist Hanna nicht: »Manno! Es war aber gerade so schön«, murmelt sie und macht ein mürrisches Gesicht.

»Nach dem Impfen darfst du dir bestimmt wieder etwas aus der Spielzeugkiste von Dr. Hennes aussuchen«, sagt Mama tröstend. »Vielleicht gibt es noch die tollen Strohhalme wie beim letzten Mal.«

Da fällt es Hanna wieder ein: »Ja, die haben so schön geglitzert!«, ruft sie.

»Genau«, antwortet Mama und zieht Hanna die Schuhe an.

Im Auto muss Hanna wieder ans Kitzeln denken und wie schön das immer ist. Plötzlich hat sie eine Idee. Ich kitzel mich einfach selbst, denkt sie und fängt gleich am Hals damit an. Aber das funktioniert gar nicht! Es kitzelt kein bisschen! Egal, ob Hanna es ganz leicht versucht oder ganz wild, so wie Papa das immer macht – lachen muss sie nicht. Noch nicht einmal lächeln. Da fallen ihr die Füße ein. Hier ist sie ganz besonders kitzlig. Das funktioniert bestimmt! Hanna zieht die Schuhe aus.

»Was machst du denn da?«, fragt Mama und sieht in den Rückspiegel. »Wieso hast du dir denn die Schuhe ausgezogen? Wir sind doch gleich da.«

»Weil ich mich selbst kitzeln möchte«, antwortet Hanna.

Mama schüttelt den Kopf. »Das geht nicht«, sagt sie.

Aber das will Hanna lieber selbst ausprobieren. Erst den einen Fuß. Nanu, das kitzelt ja wirklich kaum. Zumindest nicht so schön wie bei Papa. Zum Glück hat Hanna ja zwei Füße!

»Der kitzelt bestimmt«, sagt sie und versucht es gleich wieder. Aber auch der Fuß lässt sich einfach nicht richtig kitzeln.

So was Blödes!, denkt Hanna. Da hat Mama doch recht gehabt!

Mama biegt auf den Parkplatz der Arztpraxis ab. Sie steigt aus dem Auto und macht die hintere Autotür auf.

»Ich habe es gleich gesagt, dass man sich nicht selbst kitzeln kann«, sagt sie und zieht Hanna die Schuhe wieder an.

Nach kurzem Warten können Hanna und Mama ins Behandlungszimmer gehen. Dr. Hennes ist auch schon da und begrüßt sie freundlich. Hanna ist gern bei Dr. Hennes. Er ist immer so lustig und hat ganz viele Tierfotos und selbst gemalte Bilder an den Wänden. Hanna hat ihm auch schon mal ein Bild gemalt. Das hängt genau über seinem Schreibtisch. Darauf ist Hanna zu sehen, mit vielen roten Flecken am ganzen Körper. Da hatte sie nämlich die Windpocken.

»Na, Hanna, wie geht es dir denn?«, fragt Dr. Hennes.

»Gut«, antwortet Hanna. »Ich hab gar keine Windpocken mehr.«

Dr. Hennes lacht. »Das ist ja prima«, sagt er. »Dann können wir dich ja heute impfen, damit du auch immer schön gesund bleibst.«

»Darf ich mir dann auch wieder etwas aus der Spielzeugkiste aussuchen?«, fragt Hanna.

»Aber natürlich! Und du hast Glück. Heute haben wir ganz neue Sachen in die Kiste getan. Da wirst du bestimmt etwas finden, was dir gefällt«, sagt Dr. Hennes und zieht die Spritze auf. »Aber vorher gibt's noch einen kleinen Piks in den Oberarm.«

Mama zieht Hannas Pulli aus, und Hanna hält tapfer still. Aber hinschauen kann sie nicht. Neugierig sieht sie sich nach der Spielzeugkiste um. Und gerade als sie die Kiste entdeckt hat, spürt sie einen kleinen Piks.

»So, das war's schon«, sagt Dr. Hennes. »Und weil du so tapfer warst, darfst du dir jetzt etwas aus der Spielzeugkiste aussuchen.«

Das lässt sich Hanna nicht zweimal sagen. Rasch läuft sie zur Kiste und wühlt darin herum. So viele schöne Sachen!

»Sieh mal«, sagt Mama, die sich neben Hanna hinunterbeugt. »Da sind auch wieder die tollen Glitzerstrohhalme. In ganz vielen Farben.«

»Und jede Menge Federn! Die kitzeln bestimmt schön auf der Haut«, sagt Hanna. Da fällt ihr ihre Frage wieder ein. »Warum kann man sich nicht selbst kitzeln?«, fragt sie.

»Hm«, macht Dr. Hennes und tut so, als ob er überlegen müsse. Dabei stellt er sich unauffällig hinter Hanna und kitzelt sie ganz plötzlich an der Seite.

»Hihihihihi …«, lacht Hanna.

»Deshalb«, sagt Dr. Hennes. »Kitzeln muss überraschend kommen. Du darfst nicht wissen, wo ich dich als Nächstes kitzeln werde.«

Und schon kitzelt er Hanna am Hals, sodass sie ganz doll lachen muss.

»Und das hat einen ganz einfachen Grund«, erklärt Dr. Hennes. »Unser Gehirn hat sich da nämlich einen tollen Trick einfallen lassen. Ständig strömt eine Fülle von Informationen auf unser Gehirn ein. Und damit es nicht überfordert wird, geht das Gehirn nach einer Liste vor. Ganz vorne stehen dabei alle Reize, die von außen auf den Körper zukommen.«

»Und wieso?«, fragt Hanna.

»Weil Reize wie Sehen, Hören, Riechen und Fühlen, die von außen kommen, lebenswichtig sein können. Wenn du zum Beispiel über die Straße gehen möchtest, siehst du erst nach links, dann nach rechts und dann wieder nach links. Wenn nun ein Auto kommt, bleibst du stehen und wartest, bis das Auto weg ist. Beim Hören ist das genauso. Wenn etwas laut auf dich zukommt, wie zum Beispiel ein heranfahrendes Motorrad, hat es sofort deine volle Aufmerksamkeit. Ja, und was schlecht riecht oder stinkt, würdest du niemals essen.«

»Igitt, bestimmt nicht!«, sagt Hanna und schüttelt sich.

»Und auch der Kitzelreiz hat eine ganz wichtige Funktion«, erklärt Dr. Hennes weiter. »Wenn ein Insekt, das dich vielleicht stechen könnte, auf dir herumkrabbelt, kitzelt das auch auf der Haut. Aber du würdest dann niemals anfangen zu lachen, weil du ja weißt, dass das Tier stechen könnte. Stattdessen wirst du versuchen, es abzuschütteln.«

»Ja, genau! Ich hatte schon mal eine Wespe auf dem Arm! Das war überhaupt nicht lustig«, bestätigt Hanna.

Dr. Hennes nickt. »Siehst du, daran kannst du sehen, wie wichtig die Reize aus der Umwelt für dich sein können. Wenn du dich nun aber selbst kitzelst, berechnet dein Gehirn den Zeitpunkt des Kontaktes voraus und dämpft alle Nervensignale, die dann von dem entsprechenden Körperteil ausgesendet werden. Dadurch gelangen unwichtige Reize nur schwach oder gar nicht ins Bewusstsein. So kann sich das Gehirn besser auf die wichtigen Signale aus der Umwelt konzentrieren«, erklärt Dr. Hennes.

»Aha«, sagt Mama. »So genau habe ich das auch noch nicht gewusst.«

Dr. Hennes fasst noch mal zusammen. »Beim Kitzeln sind zwei Dinge von Bedeutung: Zum einen muss es überraschend kommen, und zum anderen muss die Person, die dich kitzelt, ungefährlich sein. Dann können wir das Kitzeln genießen und lachen laut los.«

»Wir brauchen also erst eine kleine Schrecksekunde und dann sofort die Entwarnung, um lachen zu können?«, fragt Mama noch mal nach.

»So ist es«, bestätigt Dr. Hennes.

»Dann nehme ich die Feder!«, sagt Hanna und greift in die Spielzeugkiste.

Mama wundert sich. »Wozu brauchst du denn eine Feder?«, fragt sie.

»Zum Kitzeln natürlich«, antwortet Hanna fröhlich. »Aber bitte überraschend! Versprochen ist versprochen! Und jetzt möchte ich ganz schnell nach Hause!«

Warum hat ein Igel Stacheln?

Völlig erledigt sitzen Yannik und Karla auf den Gartenstühlen und warten darauf, dass Oma und Opa mit dem Abendessen auf die Terrasse kommen. Ein toller Ferientag mit Wasserschlachten, Eiscreme und Sandburgenbauen liegt hinter ihnen.

Lächelnd denkt Yannik daran, wie er Karla beim Baden einen Eimer Glibschquallen über den Kopf gekippt hat. Den Eimer vollzukriegen hatte zwar ganz schön gedauert. Dafür aber war Karlas Gekreische der Knaller gewesen.

Grinsend schielt er zu seiner älteren Schwester hinüber. Aber die grinst ihn ebenfalls an.

»Was grinst du?«, fragt Yannik, obwohl er schon eine Ahnung hat.

»Ach, nur so«, sagt Karla und kichert. »Kribbelt's denn noch?«

»Hä, hä, witzig«, brummt Yannik.

Die Erinnerung an Karlas Racheaktion hat ihm schlagartig die Laune verdorben. Seine Schwester hatte ihm nämlich heimlich das Badetuch weggezogen, als er sich darauflegen wollte. Gerade nachdem Oma ihn überall mit reichlich Sonnencreme eingeschmiert hatte.

Yannik war zwar blitzschnell aufgesprungen, aber da war sein Rücken schon mit einer ekligen Sandschicht überzogen.

Während Karla lachte und Herr Schulz, Omas und Opas Labradorrüde, begeistert bellte, war Yannik zum Wasser gerannt. Aber leider war er schon nach zwei Schritten über die Hundeleine gestolpert, mit der Herr Schulz am Strandkorb angebunden war. Vornüber war Yannik mit dem Gesicht im Sand gelandet.

Sogar beim großen Versöhnungs-Eisessen hatten die Sandkörner noch zwischen Yanniks Zähnen geknirscht.

Yannik überlegt gerade, wo er wohl schöne Krabbelkrebse herkriegen könnte, um sie Karla beim Sonnenbaden auf den Rücken zu setzen, als Oma und Opa endlich mit Abendessen und Geschirr herauskommen. Dicht gefolgt von Herrn Schulz, der begeistert schnuppert.

Das können Yannik und Karla gut verstehen. Bei dem Duft, der aus Omas Lasagne-Form aufsteigt, läuft auch ihnen das Wasser im Mund zusammen.

Beim Essen schmieden sie gemeinsam Pläne für den nächsten Tag.

»Morgen soll es wieder schön werden«, sagt Oma. »Wie wär's, wenn wir noch mal an den Strand fahren?«

Das finden alle gut. »Du, Opa?«, platzt es da aus Yannik heraus. »Können wir dann zusammen Krebse suchen?«

»Klar, aber was willst du damit?«, fragt Opa.

»Och, ich …«, beginnt Yannik und versucht verzweifelt, sich was auszudenken.

Doch da ertönt ein lautes Rascheln im Gebüsch. Gefolgt von einem unheimlichen »FFT! ÜCH! PFÜCH! FCHR! FFT! ÖCH!«.

»Was war das?«, flüstert Karla.

Yannik schaut in den Garten. Aber mittlerweile ist es ziemlich dunkel geworden. Außer den dunklen Umrissen von Büschen und Bäumen ist kaum etwas zu erkennen.

»Das ist bestimmt ein Monster«, sagt Yannik und grinst Karla an, wofür er einen strengen Blick von Oma kassiert.

Doch da raschelt es erneut im Gebüsch, und Herr Schulz fängt an zu knurren.

»FFT! ÜCH! PFÜCH! FCHR! FFT! ÖCH!«

Jetzt hat Herr Schulz genug. Bellend rennt er über den Rasen davon und stürzt sich ins Gebüsch.

Sie hören ein Rascheln. Scharren. Fauchen. Knurren.

Dann ein lautes Jaulen, und plötzlich kommt Herr Schulz wieder aus dem Gebüsch – winselnd und humpelnd.

Während sich Oma, Yannik und Karla um Herrn Schulz kümmern, holt Opa schnell eine Taschenlampe aus dem Haus.

»Mal sehen, was sich da rumtreibt«, brummt er und marschiert auf das Gebüsch zu.

»Pass bloß auf, Opa!«, ruft Yannik. Ihm ist ganz schön mulmig zumute. Aber er kann Opa ja nicht einfach so im Stich zu lassen. Also saust Yannik ins Haus, um sich mit seiner Strandschaufel zu bewaffnen.

Doch als er zurückkommt, hat Opa den Übeltäter bereits entdeckt.

»Guck mal«, sagt Opa. »Das habe ich mir fast gedacht. Kein Wunder, dass Herr Schulz den Kürzeren gezogen hat. Er hat sich mit einem Igel angelegt.«

Im Schein von Opas Taschenlampe ist ein Stachelball auf dem Boden zu sehen.

»Mit einem Igel?«, fragt Yannik verblüfft. Natürlich hat er Igel schon einmal auf Fotos gesehen. Aber noch nie in echt, und so komisch zusammengerollt schon gar nicht.

»Genau«, erwidert Opa. »Wenn sich Igel nämlich bedroht fühlen, rollen sie sich blitzschnell zusammen.

Dabei spannt sich ihre Rückenhaut so, dass sich die Stacheln aufstellen. Im Inneren dieser Stachelkugel ist er dann super vor Feinden geschützt. Denn so ein erwachsener Igel hat immerhin 6000 bis 8000 Stacheln.«

»Und die sind verflixt spitz«, sagt Oma, die inzwischen mit Karla nachgekommen ist. »Kaum zu glauben, dass das eigentlich seine Haare sind, oder?«

»Echt? So harte Haare?«, fragt Karla. Ebenso wie Yannik kann sie sich das kaum vorstellen.

»Doch, echt«, bestätigt Oma lächelnd. »Genauer gesagt bestehen sie aus Horn, also dem gleichen Material wie unsere Haare und Fingernägel. Als Babys im Mutterleib haben Igel erst noch viel, viel weichere Stacheln, die noch in die Haut eingebettet sind, um ihre Mutter nicht zu verletzen. Aber nach der Geburt ändert sich das.«

»Woher wisst ihr eigentlich so viel über Igel?«, fragt Yannik neugierig.

»Vor ein paar Jahren haben wir im Winter mal einen entkräfteten Igel in Pflege genommen. Eigentlich lassen sich Igel im Winter nicht blicken, weil sie Winterschlaf halten. Aber der hat verzweifelt im Garten nach Nahrung gesucht. Wahrscheinlich weil er im Herbst nicht genug zu fressen gefunden hat. Wir haben ihn erst zum Tierarzt gebracht und ihm dann im Haus ein kleines Gehege gebaut. Und ihn mit Hundefutter aus der Dose aufgepäppelt«, erzählt Opa.

»Mit Hundefutter?«, fragt Karla verdutzt.

»Nee, das stimmt doch nicht«, meint Yannik, der sich das auch kaum vorstellen kann.

Doch Oma nickt. »In der Natur fressen Igel Würmer, Insekten oder

Früchte. Aber in solchen Fällen kann man ihnen auch gut Hundefutter geben.«

»Tja, und was noch mal die spitzen Stacheln anbelangt: Beim Füttern haben wir uns den einen oder anderen schmerzhaften Pikser eingefangen«, sagt Opa. »Genau wie unser Herr Schulz eben.«

Ach ja, Herr Schulz. Den hätte Yannik in der Aufregung fast vergessen. »Geht's ihm wieder besser?«, fragt er besorgt.

»Keine Bange«, sagt Oma. »Karla und ich haben die Pfote schnell mit Desinfektionsspray eingesprüht und ihm zum Trost noch eine Bockwurst spendiert.«

»So, dann lasst uns mal langsam den Tisch abräumen und wieder reingehen«, sagt Opa. »Der arme Igel hat sicherlich Angst.«

Als sie gemeinsam den Tisch abräumen, hören sie wieder die unheimlichen Geräusche. »FFT! ÜCH! PFÜCH! FCHR! FFT! ÖCH!«

»Ach, ist das etwa vorhin der Igel gewesen?«, fragt Karla.

»Genau«, erwidert Opa. »Wenn Igel den Boden nach Nahrung durchwühlen, können sie manchmal ganz schön laut schnaufen – und schmatzen, wenn sie auf was Leckeres gestoßen sind.«

Immer wieder hallt am Abend das emsige »FFT! ÜCH! PFÜCH! FCHR! FFT! ÖCH!« des Igels durch die Nacht, worüber sich alle nun richtig freuen – mit Ausnahme vielleicht von Herrn Schulz …

Warum fallen wir nicht von der Erde?

Komisch, denkt Mika und kratzt sich am Kopf. Da stimmt was nicht! Er kann gerade mal ein Playmobilmännchen auf seinen Fußball stellen. Und dass auch nur, wenn er ganz vorsichtig ist und kein bisschen wackelt. Versucht er, mehr daraufzustellen, fallen die Männchen runter. Aber auf der Erde leben doch ganz viele Menschen. Und dass die Erde rund ist, weiß er ganz sicher. Aus seinen Weltraumbüchern. Denn wenn Mika groß ist, will er Weltraumforscher werden. Oder Astronaut.

Das ist ein Fall für Mama!, denkt Mika. Denn niemand auf der Welt kann so gut erklären wie sie. Das ist auch gut so, denn Mama ist Lehrerin. Sonst würde den Kindern in der Schule schnell langweilig, und niemand würde mehr zuhören. Deshalb macht Mama aus jeder Frage ein spannendes Abenteuer. Auch zu Hause. Mal sehen, was ihr zu den heruntergefallenen Playmobilmännchen und zu seinem Fußball einfällt. Mika läuft gleich ins Wohnzimmer.

»Mama«, fragt er, »ist die Erde wirklich rund?«

»Aber natürlich«, antwortet Mama.

»Und wieso fallen dann meine Playmobilmännchen vom Fußball runter, auch wenn ich ganz vorsichtig bin?«

Mama lächelt. »Weil dein Fußball *viel, viel* zu klein ist. Komm, wir versuchen es mit meinem Gymnastikball. Der ist schon größer.«

Das lässt Mika sich nicht zweimal sagen. Sofort saust er in sein Zimmer und holt so viele Playmobilmännchen, wie er tragen kann. Jetzt ist er aber gespannt!

Mama hält den großen Gymnastikball fest, damit er nicht wegrollen kann, und Mika setzt vorsichtig ein Männchen nach dem anderen darauf.

»Eins, zwei, drei«, zählt Mama mit. Die ersten Männchen gehen ganz einfach. Aber dann wird es auch auf dem großen Ball schon schwieriger.

»Vier, fünf, sechs, sieben«, zählt Mama weiter. Doch sosehr sich Mika auch anstrengt, das siebte Männchen will einfach nicht stehen bleiben und fällt vom Ball runter. Mika ist enttäuscht.

»Das macht nichts«, sagt Mama. »Nun hast du gesehen, dass auf dem größeren Ball schon ein paar Männchen mehr Platz hatten. Und das wiederum bedeutet, dass die Erde immer noch *viel, viel* größer ist als mein Gymnastikball.«

Mama steht auf und verschwindet in der Küche. Was hat sie denn nun vor?, denkt Mika gespannt.

Als Mama wiederkommt, hat sie ein Paket Reis in der Hand.

»Ich habe aber noch gar keinen Hunger«, sagt Mika schnell. Er möchte tausendmal lieber wissen, ob die Erde wirklich rund ist.

»Keine Sorge!«, sagt Mama und lacht. »Ich habe etwas anderes vor.«

Sie schüttet ganz vorsichtig Reiskörner oben auf den Gymnastikball. So viele, dass Mika sie unmöglich zählen kann. Mama hat so vorsichtig geschüttet, dass kein einziges Reiskorn hinuntergefallen ist.

»Siehst du«, sagt Mama. »Wenn wir uns nun vorstellen, dass jedes Reiskorn ein Mensch ist, dann passen schon viel mehr Menschen auf die Erde. Aber in Wirklichkeit ist die Erde noch immer *viel, viel* größer und die Menschen noch *viel, viel* kleiner als die Reiskörner.«

Nachdenklich schaut Mika auf Mamas Gymnastikball.

»Und wo leben wir?«, fragt er.

Mama zeigt oben auf den Ball. »Also, dann wäre hier oben, wo die Reiskörner liegen, der Nordpol und hier unten, wo der Ball auf dem Boden liegt, der Südpol«, erklärt sie. Dabei fährt sie mit ihrem Finger in Längsrichtung vom Nordpol zum Südpol. Dann fährt sie mit ihrem Finger wieder ziemlich weit nach oben. »Ungefähr hier«, sagt sie.

»Da leben wir?«, fragt Mika und schüttelt ungläubig den Kopf. »Da hält sich doch kein einziges Reiskorn! Und was ist mit den ganzen Pinguinen, die am Südpol leben? Die würden doch alle von der Erde fallen!«

Mama lächelt geheimnisvoll. »Normalerweise schon«, erwidert sie. »Wenn da nicht, ja, wenn da nicht die Zauberkraft wäre.«

»Eine Zauberkraft?«, fragt Mika. Das hört sich spannend an.

Mama nickt und gibt dem Gymnastikball einen kleinen Stups, sodass der Ball ein kleines Stück rollt.

»Manno«, ruft Mika. »Jetzt sind alle Reiskörner runtergefallen.«

»Und wohin sind sie gefallen?«, fragt Mama nach.

Mika weiß nicht so recht, was die Frage soll. »Auf den Boden natürlich. Dahin, wo immer alles landet, was hinunterfällt«, antwortet er. Das weiß doch wirklich jedes Baby!

»Ja, aber warum landet immer alles auf dem Boden?«, hakt Mama nach. »Warum schwebt nicht alles einfach im Raum herum?«

»So wie im Weltraum? Wo auch die Astronauten durch die Luft schweben?«, fragt Mika und ist wieder voll bei der Sache.

»Genau«, sagt Mama. »Im Weltraum gibt es keine Zauberkraft. Dort ist alles schwerelos, und deshalb fliegt alles durch die Gegend. Sogar die Astronauten.«

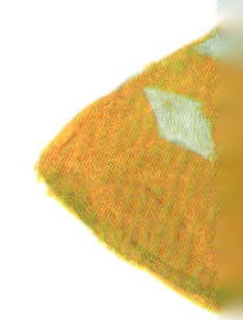

»Cool«, ruft Mika. »Dann könnte ich durchs Wohnzimmer schweben.«

»Ja, schon«, antwortet Mama. »Aber alles andere würde dann auch schweben. Das Sofa, der Tisch, das Bücherregal, sogar die einzelnen Bücher. Einfach alles. Und du müsstest ständig aufpassen, dass du mit nichts zusammenstößt. Auch essen wäre ganz schön schwierig.«

Mika stellt sich vor, wie sein Lieblingsessen, Spaghetti mit Tomatensoße, durchs Zimmer schweben würde, zwischen Sofa, Tisch, Büchern, Pflanzen und was sonst noch alles im Wohnzimmer herumliegt. Und Mika mittendrin, auf der Jagd nach seinem Lieblingsessen. Das wäre vielleicht für einen Moment ganz lustig. Aber auf die Dauer wäre das sehr anstrengend. Und wie sollte er am Abend ins Bett gehen, wenn sein Bett durch das Zimmer schwebt? Und wo sollte Mama sitzen, beim Vorlesen der Gutenachtgeschichte? Nein, das würde ihm nicht gefallen. Dann soll doch lieber alles so bleiben, wie es ist. Mit Zauberkraft.

»Aber was ist das für eine Zauberkraft?«, will Mika wissen.

»Das ist die Erdanziehungskraft, auch Schwerkraft genannt«, antwortet Mama. »Die Schwerkraft bewirkt, dass alle Teilchen der Erde zum Mittelpunkt gezogen werden. Deshalb ist die Erde auch rund. Durch die runde Form ist die Erdoberfläche überall gleich weit weg vom Mittelpunkt der Erde. Jedenfalls fast.«

»Wie *fast?*«, fragt Mika nach.

»Nun ja, an den Polen ist die Erde etwas abgeflacht, und um den Äquator, der die Erde in eine Nord- und Südhalbkugel teilt, ist sie ein wenig bauschig. Dort ist die Strecke zum Mittelpunkt der Erde ungefähr 21 Kilometer länger als vom Nord- oder Südpol aus. Das hängt damit zusammen, dass sich die Erde jeden Tag einmal um sich selbst dreht. Für die Erdanziehung spielt das aber keine Rolle, sie ist überall gleich stark, ganz egal an welcher Stelle wir leben.«

»Ach, und deshalb fallen die Pinguine nicht vom Südpol«, stellt Mika erleichtert fest.

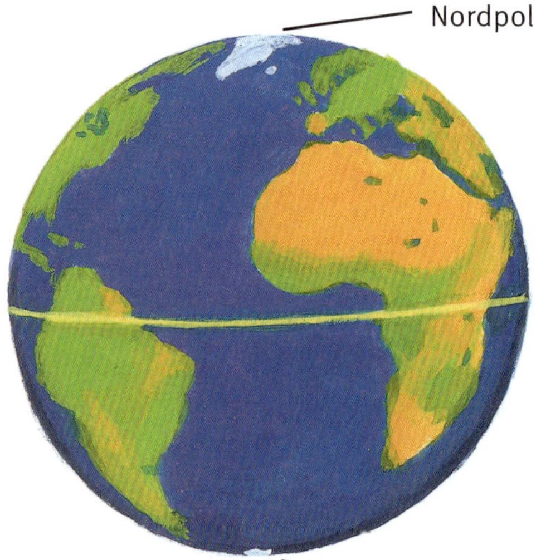

»Gut aufgepasst, mein schlauer Fratz«, lobt Mama.

Und auch Mika ist zufrieden. Denn jetzt, wo er das alles weiß, braucht er sich um all die Pinguine vom Südpol keine Gedanken mehr zu machen! Mika lässt sich zufrieden aufs Sofa plumpsen und sieht aus dem Fenster. Da kommt ein ganzer Schwarm Vögel vorbeigeflogen.

»Aber wieso können Vögel fliegen?«, fragt Mika. »Werden sie denn nicht von der Erde angezogen?«

»Doch, schon, alles, was fliegt, braucht Kraft, um die Schwerkraft zu überwinden«, sagt Mama. »Vögel schaffen das durch Muskelkraft, genau wie wir, wenn wir gehen, springen, hüpfen oder laufen. Dann lösen wir uns ja auch für einen kurzen Moment vom Boden. Und Flugzeuge können dank Motorkraft fliegen«, erklärt sie weiter.

»Und weshalb hast du die Schwerkraft Zauberkraft genannt?«, fragt Mika neugierig.

»Na ja, weil man diese Kraft nicht sehen, schmecken oder riechen kann und sie trotzdem da ist. Auch lässt sie sich nicht abschirmen, weder durch Zement noch durch Stahl oder ein anderes Material. Sonst würde die Schwerkraft in unseren Häusern ja auch gar nicht funktionieren. Die Schwerkraft geht durch alles hindurch. Ein bisschen merkwürdig ist das ja schon.«

»Ich mag die Zauberkraft!«, sagt Mika. »Ich möchte keine fliegenden Spaghetti! Auf dem Teller sind sie mir tausendmal lieber! Und ein bisschen Hunger hätte ich jetzt auch.«

»Dann fege ich mal den Reis zusammen, der auf dem Boden liegt, und danach fange ich an zu kochen«, sagt Mama.

»Willst du den etwa kochen?«, fragt Mika erschrocken.

Mama lacht. »Keine Sorge! Der ist ein Fall für den Biomüll. Ich hätte noch Spaghetti. Und Tomatensoße auch.«

Mika strahlt. Ach, ist das schön, die Welt zu verstehen und dann auch noch sein Lieblingsessen zu bekommen! Mama ist einfach die Beste!

Warum essen wir mit Messer und Gabel?

»Ach, fast hätt ich's vergessen«, sagt Papa, als Teresa alle zwölf Kerzen auf ihrer Geburtstagstorte ausgepustet hat. »Mama und ich haben ja noch ein Geschenk.« Lächelnd holt er einen Briefumschlag hervor. »Hier, mach mal auf!«

Gespannt verfolgt Lara, wie ihre große Schwester den Umschlag öffnet und zu lesen beginnt. Plötzlich werden Teresas Augen ganz groß.

»Was steht denn da?«, ruft Lara aufgeregt.

»Das ist ja der Hammer«, murmelt Teresa und liest laut vor:

»Ritter Graf von Rost gibt sich die Ehre, das Edelfräulein Teresa samt ihrer hochwohlgeborenen Eltern und des liebreizenden Edelfräuleins Lara zu einem Rittermahl einzuladen. Und zwar heute auf Burg Höllenstein bei Sonnenuntergang.«

Lara muss über das liebreizende Edelfräulein kichern, das hört sich einfach zu lustig an. Teresa aber findet ihr Geschenk so super, dass es ihr erst mal die Sprache verschlägt. Denn sie ist ein absoluter Ritterfan und hat in der Bücherei schon alles über Ritter verschlungen, was es dort gibt.

»Ist das wirklich echt, mit der Burg und so?«, fragt sie schließlich.

»Tja, lasst euch überraschen«, sagt Mama geheimnisvoll. »Ihr werdet es erfahren. Bei Sonnenuntergang ...«

Bis dahin zieht sich die Zeit wie Kaugummi. Aber dann sitzen sie endlich doch im Auto und machen sich auf den Weg. Nach einer Weile biegt Papa von der Landstraße ab und fährt über eine kurvige Straße einen Berg hinauf. Nach einer letzten Kurve ist es schließlich so weit: Von Scheinwerfern angestrahlt, ragt über ihnen Burg Höllenstein in den Himmel.

Als sie auf den Burghof fahren, parken dort schon jede Menge andere Autos.

»Ritter Rost hat ja ganz schön viele Leute eingeladen«, staunt Lara.

»Nee, Lara«, sagt Teresa und zeigt auf eine Leuchtschrift, die über dem Eingang des Burggebäudes hängt. »Jetzt weiß ich, was los ist. Da steht: RESTAURANT BURG HÖLLENSTEIN. Das mit Ritter Rost war nur ein Witz.«

»Abwarten«, sagt Papa und schmunzelt. »Lasst uns reingehen.«

Gleich darauf staunen Lara und Teresa Bauklötze, als sie am Eingang von einem bärtigen Mann empfangen werden. Er trägt ein merkwürdiges

kittelartiges Gewand, um das er einen Gürtel geschnallt hat. Und daran hängt ein richtiges Schwert.

Mensch, ob das Ritter Rost ist?, denkt Lara.

Und tatsächlich.

»Willkommen auf Burg Höllenstein«, begrüßt der Mann die vier. »Ich bin Ritter Graf Rost. Wenn die Herrschaften mir bitte ins Gewölbe folgen wollen.«

Mit diesen Worten führt er sie durch einen großen Saal, in dem bereits viele Leute an den Tischen sitzen und sich lebhaft unterhalten. Durch einen schummrigen Gang geht es danach weiter in einen kleinen Raum mit gewölbter Decke.

»Hier werdet ihr speisen«, erklärt Ritter Rost und deutet auf einen gedeckten Tisch in der Mitte. Einen ziemlich merkwürdig gedeckten Tisch, findet Lara. Denn statt Teller und Besteck kann sie nur runde Holzbrettchen entdecken, neben denen ein komisches spitzes Messer liegt.

Wo verflixt sind denn die Gabeln?, denkt Lara, während sie Platz nehmen. Doch bevor sie fragen kann, klatscht Ritter Rost in die Hände.

Augenblicklich erscheinen Helfer, die das Essen auftragen. Staunend guckt Lara zu, wie die Speisen in Holzschüsseln und auf Holzplatten vor ihnen aufgebaut werden: Brot, Schweinehaxen, Sauerkraut, Braten, Semmelknödel, Gänsekeulen, Rübengemüse, Rosenkohl, Käse, Apfelstrudel und, und, und … Doch merkwürdigerweise liegt das Fleisch in riesigen, unzerteilten Stücken da, und Löffel für das Sauerkraut, die Knödel und das Gemüse gibt es auch nicht.

Ob Ritter Rost bei so vielen Gästen zu wenig Gabeln und Löffel hat?, überlegt Lara, als ein weiterer Helfer auftaucht und ihnen eine Art Serviette umbindet. Nur dass die so groß wie ein Badetuch ist.

»Zunächst obliegt es mir, die drei Regeln des Rittermahls zu verkünden«, ergreift Ritter Rost wieder das Wort. »Erstens: Vor dem Essen die Hände in Rosenwasser waschen.« Er schnippt mit den Fingern. Ein Helfer bringt eine Holzschüssel. Vorsichtig taucht Lara ihre Hände in das warme Wasser. Hm, wie toll das duftet!

»Zweitens«, fährt Ritter Rost fort, als sich alle die Hände gewaschen haben. »Zum Essen nehme man die Finger.«

WAS? Lara ist völlig baff. Meint der das ernst? Verblüfft schaut sie zu Mama, Papa und Teresa. Aber die nicken nur, als wäre mit den Fingern zu essen das Normalste der Welt.

Und Ritter Rost ist noch nicht fertig. »Und drittens«, sagt er, »nehme man das Messer, um sich Stücke abzuschneiden. Ansonsten bediene man sich mit den Händen. Und jetzt: Wohl bekomm's.«

Mit diesen Worten ziehen sich Ritter Rost und seine Helfer zurück. Lara starrt ihnen hinterher. Da sieht sie, wie Ritter Rost draußen auf dem Gang plötzlich ein Handy aus seiner Kitteltasche holt und zu telefonieren beginnt. Ein Ritter mit Handy? Lara hat zwar nicht viel Ahnung von Rittern, aber ein Ritter mit Handy, das geht doch gar nicht!

»Das ist voll der Schummelritter!«, ruft Lara.

»Was? Wieso denn?«, fragt Papa verblüfft.

»Na, der hat ja ein Handy«, erzählt Lara. »Und dass Ritter mit den Fingern gegessen haben, stimmt bestimmt auch nicht!«, fügt sie am Ende empört hinzu.

»Na ja, zugegeben«, sagt Mama, »Ritter Rost ist kein echter Ritter. Er heißt eigentlich Herr Rost und hat sich nur als Ritter verkleidet. Damit sich die Gäste besser in die Ritterzeit hineinversetzen können.«

»Aber als es noch echte Ritter gab, haben die tatsächlich mit den Fingern gegessen«, erklärt Teresa. »So wie wir gleich.«

»Echt?«, fragt Lara verblüfft.

»Echt!«, sagt Papa. »Übrigens essen noch heute die meisten Menschen auf der Erde mit den Fingern. Auch hier bei uns war das lange Zeit so. Ganz früher hatte man meist nur Messer und Löffel am Tisch. Und Gabeln wurden allerhöchstens mal gebraucht, um Fleisch aus einem Kessel zu holen. Aber als Besteck zum Essen gibt es sie noch gar nicht so lange.«

Das hätte Lara nicht gedacht. »Und warum essen wir dann heute damit?«, will sie wissen.

»Gute Frage«, antwortet Papa. »Angefangen hat das vor etwa dreihundert Jahren. Da kam die Gabel als Essbesteck in reichen Adelskreisen in Mode.

Gabeln waren damals handgefertigte Einzelstücke und damit sehr teure Luxusgüter. Aber als man sie dann später in Massen fertigen konnte, wurden sie billiger. Nun konnten auch nicht so reiche Leute dem Adel nacheifern und sich ein vornehmes Besteck leisten. In der Folge wurde die Gabel im Alltag immer beliebter. Aber abgesehen davon, hat sie auch Vorteile.«

»Wieso?«, fragt Lara.

»Man saut sich nicht die Finger ein. So wie wir jetzt«, sagt Papa und schnappt sich grinsend eine fette Gänsekeule.

Dann geben auch Mama, Teresa und Lara beim Einsauen ihr Bestes. Was zuerst ein komisches Gefühl ist, aber schnell einfach nur Spaß macht.

Hat ein Tausendfüßer wirklich 1000 Füße?

Tim und Luis durchforsten den Garten auf der Suche nach kleinen Tieren. Je kleiner, desto besser. Tim hat nämlich seine Becherlupe dabei. Wenn man da hindurchschaut, sind selbst die kleinsten Tiere ganz groß. Das ist superspannend! So kann man sich Käfer, Spinnen, Ameisen oder Regenwürmer ganz genau ansehen.

Aber was ist das? In der Nähe des Komposthaufens entdecken Tim und Luis plötzlich ein flink krabbelndes Tier, das ziemlich lang ist – und ganz, ganz viele Füße hat.

»Was ist das denn für ein seltsames Tier?«, fragt Tim.

Auch Luis hat so ein Tierchen noch nie gesehen. »Ist auf jeden Fall kein Regenwurm. Der hat nämlich keine Füße«, erwidert er.

»Ja, und viel zu dunkel für einen Regenwurm ist es auch«, stellt Tim fest.

Er nimmt das seltsame Krabbeltier mit zwei Fingern vorsichtig hoch und betrachtet es. Der kleine Kerl weiß gar nicht, wie ihm geschieht, und versucht sich einzurollen und seine vielen Beine zu schützen.

»So viele Füße! Das sind bestimmt 1000«, staunt Tim.

»Dann ist es bestimmt ein Tausendfüßer«, sagt Luis fachmännisch.

Tim denkt nach. »Ob der dann wirklich 1000 Füße hat?«, fragt er. »So ein Mist, dass ich nur bis 20 zählen kann!«

»Ich kann auch nicht weiter zählen«, gibt Luis zu.

»Dann müssen wir eben jemanden finden, der bis 1000 zählen kann!«, sagt Tim und überlegt.

Als Erstes fällt ihm Mama ein. Aber die ist arbeiten. Und Papa auch. Da wäre noch Sophie, seine größere Schwester. Aber die würde beim Anblick dieses krabbelnden Tierchens nur schreiend davonlaufen. Das hat er schon einmal erlebt. Und Opa? Der wäre zu Hause und hätte ganz bestimmt keine Angst vor einem Tausendfüßer. Aber Opas Augen sind nicht mehr die besten. Da hat Tim eine Idee: »Genau, die Lupe!«

»Wieso Lupe?«, fragt Luis verwundert. »Seit wann kann eine Lupe zählen?«

»Natürlich kann eine Lupe nicht zählen. Aber mit ihr könnten wir uns den kleinen Kerl schon mal ganz genau ansehen. In die Becherlupe passt er zwar rein, aber ein bisschen mehr Platz soll er schon bekommen«, ruft Tim und hält Luis den zappelnden Tausendfüßer entgegen.

Kaum hat Luis das Tierchen in der Hand, saust Tim auch schon los ins Haus. Mit einem alten Schuhkarton in der einen Hand und einer Lupe in der anderen kommt Tim wenig später zurück.

»So, hier kommt nun der Tausendfüßer rein«, sagt er. Vorsichtig setzt Luis den Tausendfüßer in den Karton. »In den Deckel bohren wir noch ein paar Luftlöcher, damit er atmen kann. Und schon ist die Transportbox fertig! Dann brauchen wir nur noch jemanden zu finden, der bis 1000 zählen kann«, sagt Tim.

Genau in diesem Moment ertönt eine laute Klingel.

»Das ist Herr Grubert mit seinem Bäckerwagen! Wir können ihn ja fragen, ob er die Beine zählen kann«, sagt Tim und rennt mit dem Schuhkarton unterm Arm los. Luis rennt hinterher.

»Hallo, Herr Grubert!«, sagt Tim freundlich. »Sie können doch bestimmt bis 1000 zählen.«

»Haha«, lacht der Bäcker. »Aber natürlich!«

Da nimmt Tim den Deckel vom Schuhkarton und hält ihn Herrn Grubert entgegen. »Könnten Sie mal bitte seine Füße zählen?«, fragt er.

Der Bäcker staunt nicht schlecht, als er in den Karton sieht. »Um Himmels willen! Was ist denn das?«, fragt er entsetzt.

Da kommt Frau Weber von nebenan hinzu. Frau Weber war früher Lehrerin. Das weiß Tim von Mama. Aber jetzt ist sie Rentnerin und arbeitet schon lange nicht mehr in der Schule.

Der Bäcker ist auf einmal wieder sehr freundlich. »Was darf's denn heute sein, Frau Weber?«, fragt er.

Doch Frau Weber hat nur Augen für den Schuhkarton. »Was ist denn da drin?«, fragt sie.

Tim öffnet den Deckel. »Wir wissen es nicht so genau«, antwortet er. »Aber wir glauben, es ist ein Tausendfüßer.«

»Oh, tatsächlich! Das ist ein Tausendfüßer! Was für ein schönes und großes Exemplar! Wo habt ihr den denn her?«

»Wir haben ihn in der Nähe vom Komposthaufen gefunden«, sagt Luis stolz.

Frau Weber lacht. »Das ist typisch. Tausendfüßer brauchen nämlich einen feuchten Lebensraum. Da bietet sich der Komposthaufen natürlich an. Aber auch im Unterholz des Waldes oder im morschen Holz kann man sie finden. Und wenn man ganz viel Glück hat, so wie ihr beiden, dann entdeckt man Tausendfüßer sogar im Garten. Einige Arten krabbeln schon seit 400 Millionen Jahren über unseren Planeten.«

»Auch schon, als es noch Dinosaurier gab?«, fragt Tim.

Frau Weber nickt. Dann erklärt sie weiter. »Tausendfüßer gehören zu den ältesten Lebewesen an Land. Und sie leben fast überall auf der Welt. Sogar in den Tropen, dort gibt es die größten von ihnen. Nur an Nord- und Südpol kommen sie nicht vor, da ist es ihnen zu kalt. Weltweit gibt es Tausende Arten, allein in Deutschland sind es schon 150 Arten.«

»Und wie viele Beine hat unser Tausendfüßer?«, fragt Tim gespannt. »Wir haben auch eine Lupe. Ich meine, falls Ihre Augen nicht mehr so gut sind.«

Frau Weber lacht. »Das weiß ich auch so. Da brauche ich nicht zu zählen.«

Tim und Luis sehen sich an. Und fast wie aus einem Mund fragen sie gleichzeitig: »Und wie viele sind es? 1000?«

Da lacht Frau Weber schon wieder. »Der Name Tausendfüßer ist etwas übertrieben«, erklärt sie. »Da war wohl jemand zu faul zum Zählen. Je nach Art besitzen Tausendfüßer zwischen acht und maximal 340 Beinpaare, also insgesamt höchstens 680 Beine. Ich habe sogar schon von 750 Beinen gehört.«

»Das reicht aber auch!«, sagt der Bäcker. »Wenn ich 750 Füße hätte, käme ich mit Sicherheit ganz schön durcheinander! Da wüsste ich ja gar nicht, mit welchem Bein ich in der Früh zuerst aufstehen soll!«

»Ja, und all die Schuhe, die man da bräuchte«, sagt Tim.

»Und all die Schnürsenkel. Das wäre ein Chaos!«, fügt Luis hinzu.

»Ja, das wäre ganz schön verwirrend. Tausendfüßer gehören zu den Gliedertieren«, erklärt Frau Weber weiter. »Bei allen Tausendfüßern besteht der Körper aus vielen gleichartigen Körperabschnitten, den sogenannten Segmenten. Das können wir uns sehr schön mit der Lupe anschauen.«

»Oh ja!«, ruft Luis und holt die Lupe hervor.

Und Tim sagt mit Blick auf Luis: »Die ist von meinem Opa. Ich habe doch gleich gewusst, dass wir die brauchen.«

»Ist doch egal, wer zuerst an die Lupe gedacht hat. Hauptsache, wir haben jetzt eine und können uns das Tierchen ganz in Ruhe anschauen«, sagt Frau Weber. »Seht ihr, durch die Lupe könnt ihr die einzelnen Segmente sehr schön sehen. Es sind immer zwei Beinpaare pro Körpersegment. Wir haben großes Glück, dass sich unser Tausendfüßer nicht einkugelt. Das tun sie nämlich immer bei Gefahr. Da haben wir wohl ein sehr mutiges Exemplar erwischt! Sonst könnten wir das alles nicht sehen. Hier am kapselförmigen Kopf sitzen die Mundwerkzeuge.«

»Was fressen denn Tausendfüßer?«, fragt Tim neugierig.

Das interessiert den Bäcker nun überhaupt nicht. Er möchte viel lieber wissen, was Frau Weber von all seinen Leckereien essen möchte. Doch Frau Weber lässt sich nicht aus der Ruhe bringen.

»Tausendfüßer fressen und verdauen abgestorbene Pflanzenteile«, erklärt sie. »Manchmal fressen sie aber auch tote Tiere. Deshalb sind diese Tiere für die Natur so wichtig. Und wer sie im Garten hat, ist ein echter Glückspilz. Meistens leben sie allerdings verborgen im Boden, und man entdeckt sie gar nicht. Ja, und wer dann noch einen Tausendfüßer findet, ist sozusagen ein doppelter Glückspilz.«

»Na, so ein Zufall«, sagt der Bäcker. »Wie gut, dass ich Glückspilzplätzchen gebacken habe! Nur 2,99 Euro.«

Frau Weber unterbricht ihren Vortrag und schaut zum ersten Mal in die Auslage des Bäckerautos.

»Die sind ja wirklich niedlich! Mit ihren roten Häubchen sehen sie aus wie Fliegenpilze«, sagt sie und sieht hinüber zu Tim und Luis. Den beiden läuft das Wasser im Mund zusammen.

»Hm, was haltet ihr davon, wenn wir den Tausendfüßer wieder im Garten aussetzen und anschließend Glückspilzplätzchen bei mir essen?«, schlägt Frau Weber vor. »Und ich mache mir eine schöne Tasse heißen Tee dazu. Irgendwo habe ich bestimmt auch noch Kakao.«

»Aussetzen?«, fragt Tim. »Wir haben ihn doch gerade erst gefangen.«

Frau Weber nickt verständnisvoll. »Tausendfüßer werden nie zahm, egal wie lange du ihn behältst. Und besonders wohl fühlt er sich in dem Schuhkarton auch nicht.«

»Stimmt«, sagt Luis. »Das würde ich auch nicht.«

»Erzählen Sie uns dann noch mehr über Tausendfüßer?«, fragt Tim.

»Gern«, antwortet Frau Weber. Die drei verabschieden sich vom Bäcker und gehen in Richtung Garten. Währenddessen fängt Frau Weber gleich mit dem Erzählen an: »Also, unsere einheimischen Tausendfüßer sind zwischen 2 mm und 5 cm lang und haben meist eine bräunliche Farbe. Es gibt aber auch Arten, die grau, rot, schwarz oder fast weiß sind.«

»Und welcher ist der größte?«, fragt Tim gespannt.

Frau Weber überlegt: »Hm, wie hieß er denn noch mal? … Ich bin ja auch nicht mehr die Jüngste … ich glaube, irgendetwas mit Archi… ja, genau, jetzt weiß ich es wieder: Archispirostreptus gigas. Er ist 32 cm lang und lebt in Afrika.«

Am Ende sind alle glücklich und zufrieden. Tim und Luis haben viele spannende Sachen gelernt und den Bauch voller Glückskekse. Frau Weber war für einen Nachmittag wieder Lehrerin, und der Bäcker war froh, endlich weiterfahren zu können. Aber am glücklichsten war der Tausendfüßer. Und zwar in dem Moment, als er wieder in die Freiheit durfte.

Warum tut Haareschneiden nicht weh?

»Und? Wie findest du's?«, fragt Clara. Gespannt guckt sie ihre Freundin Leonie an.

Leonie ist beeindruckt. Mit den langen blonden Haaren und dem pinkfarbenen Tüllkleid sieht Clara fast aus wie eine Feenprinzessin.

»Damit gewinnst du bestimmt den Kostümwettbewerb«, sagt Leonie.

»Das ist noch gar nicht alles«, sagt Clara und strahlt über das ganze Gesicht. »Mama bastelt mir noch Feenflügel, und Glitzerschminke krieg ich auch.«

Da wird Leonie fast ein bisschen neidisch. Aber nur fast. Denn das Piratenkostüm, das sie morgen beim Kindergartenfasching trägt, ist auch super. Und die gruselige Riesennarbe, die Papa ihr schminken will, ist noch toller als Glitzerschminke.

»Und jetzt kommt das Allertollste!«, ruft Clara und ist auch schon aus dem Zimmer geflitzt.

Bevor Leonie richtig überlegen kann, was Clara wohl gemeint hat, ist ihre Freundin schon wieder zurück: mit einer goldenen Krone auf dem Kopf.

»Die habe ich zusammen mit Mama aus Pappe und Goldpapier gemacht«, sagt Clara stolz, als plötzlich die Krone aufschnappt und ihr vom Kopf purzelt.

»Menno!«, schimpft Clara.

Vorsichtig hebt Leonie die Krone auf. »Hm, bestimmt war der Kleber nicht stark genug«, überlegt sie laut.

Das bringt Clara auf eine Idee. »Warte, bin gleich wieder da!«

Diesmal bleibt sie länger weg. Gerade will Leonie nach ihr suchen, als Clara wieder auftaucht. Grinsend hält sie eine Tube in der Hand. »Superkleber aus Papas Hobbykeller. Damit kann man ein Schwein an die Wand kleben, sagt er immer.«

Clara setzt sich an ihren Schreibtisch und beschmiert die alten Klebeflächen dick und fett mit Superkleber. Schließlich drückt sie die Klebestellen so fest zusammen, dass jede Menge Kleber an den Seiten rausquillt.

Nun ist die Feenkrone wieder heil. Und hält.

»Super!«, ruft Clara und setzt sich sofort die Krone auf. »Na, wie seh ich aus?«

»Wie eine richtige Fee!«, staunt Leonie. Die Krone ist echt supertoll! »Darf ich auch mal?«, fragt sie.

»Klar«, sagt Clara und will sich die Krone vom Kopf ziehen.

»AUUUUU!«, schreit sie jedoch plötzlich so laut, dass Leonie zusammenzuckt. »Mist, die Krone geht nicht ab«, jammert Clara, und Leonie sieht, dass ihre Freundin kurz vorm Weinen ist.

»Lass mich mal«, sagt sie und zieht ganz vorsichtig an der Krone.

»AUUUU!«, schreit Clara gleich wieder. »Aufhören!«

Leonie guckt sich die Krone genauer an.

Auf einem ziemlich langen Stück ist der rausgequetschte Superkleber fest mit Claras Haaren verklebt.

Jetzt kann nur noch Claras Mutter helfen.

»Mama, Mama, die Krone geht nicht ab!«, ruft Clara und läuft zu ihrer Mutter ins Wohnzimmer..

»Hm-hm!«, brummt Claras Mutter nur, ohne von der Zeitschrift aufzugucken, die sie gerade liest.

»Mensch, Mama, echt. Die geht nicht runter.«

»Sehr witzig, Schatz«, sagt Claras Mutter.

»MAMAAAAA! DIE. BLÖDE. KRONE. KLEBT. AN. MEINEM. KOPF!«, brüllt Clara so verzweifelt, dass ihre Mutter erschrocken hochguckt.

Ein Blick genügt, und Mama ist klar, dass da tatsächlich etwas nicht stimmt. Rasch springt sie auf und schaut sich Claras Kopf genauer an.

»Ach, du dickes Ei«, murmelt sie, als sie die Katastrophe entdeckt. »Warte, nicht bewegen.« Aber sosehr sie auch zupft und lupft, nichts passiert – von Claras lauten Aua-Rufen einmal abgesehen. Die Krone klebt bombenfest an ihren Haaren.

Da nimmt Mama Clara in den Arm und streicht ihr tröstend über die Wange. »Wir müssen die Krone wohl zusammen mit den Haaren abschneiden«, erklärt sie ruhig.

Da bekommt Clara richtig Angst. »NEEIIIIN!«, schreit sie, und dicke

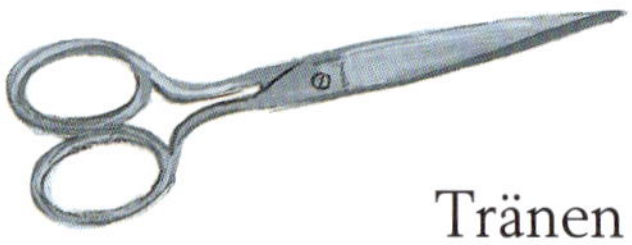

Tränen kullern ihre Wangen runter. »Nicht schneiden! Das tut ja noch mehr weh!«

»Allerhöchstens ziept es ein klitzekleines bisschen. Aber ich bin ganz vorsichtig«, versucht Mama sie zu beruhigen. »Und ansonsten tut Haareschneiden doch nicht weh. Frag mal Papa, der schreit ja auch nicht, wenn ich ihm die Haare schneide.«

Aber Papa ist nicht da, und Clara hat viel zu viel Angst, um sich zu beruhigen.

Da hat Leonie eine Idee. »Weißt du was, Clara? Meine Haare sind für eine richtige Piratin viel zu lang. Meine Mama wollte die nachher sowieso schneiden. Wie wär's, wenn wir das jetzt hier tun? Dann siehst du, dass Haareschneiden gar nicht wehtut.«

»Echt?«, schnieft Clara.

»Klar!«, sagt Leonie. »Oder, Frau Müller?«

Einen Moment zögert Leonies Mama, aber dann muss sie lächeln. »Gute Idee«, sagt sie. »Dann mal ab in die Küche.«

Staunend sieht Clara zu, wie Leonie mucksmäuschenstill auf dem Küchenstuhl sitzt und keine Miene verzieht, während Mama ihre Haare schneidet.

»Und das tut echt nicht weh?«, fragt Clara misstrauisch.

»Nicht die Spur«, antwortet Leonie. Aufmunternd lächelt sie Clara zu.

Aber Clara ist noch nicht überzeugt. »Warum tut das eigentlich nicht weh, Mama?«, fragt sie.

»Na ja, weil es in den Haaren keine Nervenbahnen gibt. Das sind Leitungen, die Nachrichten an unser Gehirn leiten«, erklärt Mama.

»Nachrichten?«, wundert sich Clara.

»Ja«, sagt Mama. Dann erzählt sie weiter. »Nachrichten, die dem Körper sagen, ob etwas

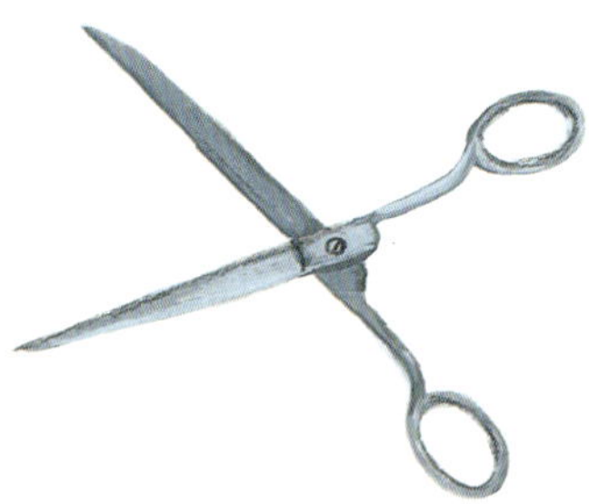

kalt, warm, heiß, nass ist oder eben Schmerzen bereitet. Wenn du zum Beispiel irgendwo mit der Haut zu nah an eine brennende Kerze kommst, leiten die Nervenbahnen Schmerzsignale ans Gehirn weiter, um dir zu sagen: Alarm! Höchste Gefahr! Weg da! Aber bei Haaren liegt die Sache anders. Denn ebenso wie unsere Finger- und Zehennägel bestehen sie aus Horn. Das sind abgestorbene Körperzellen, in denen es weder Adern noch Nervenbahnen gibt, die irgendwelche Schmerzsignale übertragen können. Deswegen tut Haareschneiden auch nicht weh. Genauso wenig wie Fingernägelschneiden.«

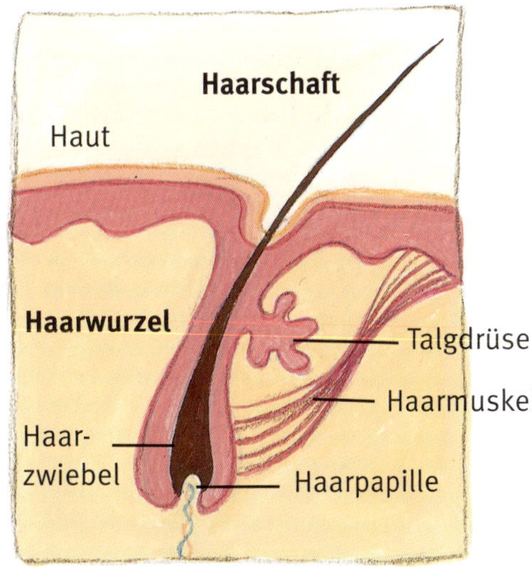

»Ganz schön praktisch, dass Haare keine Nerven haben«, sagt Leonie. Zum Teil, weil sie das wirklich findet, zum Teil aber auch, weil sie Clara Mut machen will.

Doch so ganz überzeugt ist Clara noch nicht. »Aber als wir vorhin die Krone runterziehen wollten, hat's voll wehgetan«, sagt Clara.

»Stimmt, wenn jemand richtig an den Haaren zieht, dann tut es weh. Aber nicht deine Haare tun dann weh, sondern die Haarwurzeln unter deiner Kopfhaut. Und in den Haarwurzeln gibt es Nerven. Aber ich werde gleich so vorsichtig sein, dass das nicht passiert.«

Jetzt ist Clara einigermaßen beruhigt. Nachdem Leonie fertig ist, setzt sie sich auf den Stuhl. Zuerst kneift Clara noch die Augen zu, als Mama die ersten Haare abschneidet. Aber schnell merkt sie, dass Haareschneiden tatsächlich gar nicht wehtut, und am Ende ist sie froh, endlich die Krone los zu sein.

Nur als sie in den Spiegel guckt, wird sie doch etwas traurig. »Schade, ohne die langen Haare seh ich gar nicht mehr richtig wie eine Fee aus«, sagt sie.

Aber auch dafür findet sich eine Lösung. »Dann lass uns doch einfach als Pirat und Piratenfee gehen. Ich geb dir meine Augenklappe«, schlägt Leonie vor. »Das sieht super aus! Und die blöde Krone ist unsere erste gemeinsame Beute!«

»Piratenfee?«, fragt Clara. »Was ist das denn?«

»Na, eben eine Fee, die Piratin geworden ist. Warum sollen Feen denn so was nicht auch mal dürfen?«

Stimmt, denkt Clara. Warum sollen Feen so was nicht auch mal dürfen. Und plötzlich kann sie es gar nicht mehr erwarten, eine wilde Piratenfee zu werden.

Wer knipst das Licht im Kühlschrank an und aus?

Nanu?, denkt Lea, als sie mit Papa aus dem Kindergarten nach Hause kommt. Wieso stehen denn alle Sachen aus dem Kühlschrank auf dem Küchentisch? Hmmm, und eine große Schüssel Pudding ist auch dabei!

Sofort läuft Lea das Wasser im Mund zusammen. Doch gerade als sie vom Pudding naschen will, kommt Mama hinter der geöffneten Kühlschranktür hervor.

»Wollte da etwa jemand heimlich naschen?«, fragt sie und lächelt dabei.

Lea fühlt sich ertappt. »Draußen regnet es ganz doll«, sagt sie schnell.

Papa kommt ebenfalls in die Küche. »Das stimmt. Wie gut, dass wir regenfest eingepackt waren«, sagt er und zieht Lea Regenjacke und Gummistiefel aus.

»Genau das richtige Wetter, um die Küche einmal gründlich sauber zu machen«, antwortet Mama. »Ich bin auch gleich fertig. Ich muss nur noch den Kühlschrank auswaschen.«

»Da mache ich mit«, ruft Lea begeistert. Sie fragt sich nämlich schon seit Längerem, wer eigentlich das Licht im Kühlschrank an- und ausknipst. Vielleicht sitzt da ja irgendwo ein kleines Männchen im Kühlschrank. Und jetzt ist die Gelegenheit, genau das herauszufinden!

»Ich bin dann wieder weg«, sagt Papa. »In der Firma wartet noch viel Arbeit auf mich.«

»Tschüs, Papi«, sagt Lea, während sie einen Stuhl vor den Kühlschrank schiebt.

»Bis heute Abend«, sagt Mama und wundert sich über Lea.

»Was ist denn mit dir los? Seit wann interessierst du dich fürs Putzen?«, fragt sie.

»Seit jetzt«, antwortet Lea und guckt in den Kühlschrank. Mama hat schon viele Sachen ausgeräumt. Lea sieht sich genau um. Alle Fächer sind leer. Aber nirgendwo ist ein kleines Männchen zu entdecken. Nicht in der Kühlschranktür und auch nicht im Eierkasten. Aber vielleicht in der Gemüseschublade? Hier hat Mama noch nicht sauber gemacht. Zwischen Tomaten, Paprika und Radieschen könnte man sich nämlich prima verstecken!

Lea reicht Mama ein Gemüse nach dem anderen. Die Schublade wird immer leerer. Ganz zum Schluss entdeckt sie etwas seltsam Oranges ganz hinten in der Ecke. Ob das kleine Männchen gerade ein Nickerchen macht? Vorsichtig stupst Lea es mit dem Finger an. Aber bewegen tut es sich nicht. Lea versucht es noch einmal. Wieder nichts. Da nimmt sie das orange seltsame Etwas in die Hand und betrachtet es von allen Seiten.

»Oh! Eine alte, verschrumpelte Möhre! Die sollten wir aber schleunigst in den Biomüll entsorgen«, sagt Mama und nimmt Lea das seltsame Etwas aus der Hand.

»Sieh mal, Lea. Eine Wackelmöhre! Ist das nicht lustig?«, sagt Mama und lässt die alte Möhre zwischen Daumen und Zeigefinger hin und her wackeln.

Aber Lea findet das überhaupt nicht lustig.

»Manno«, sagt sie enttäuscht. »Und wer knipst nun das Licht im Kühlschrank an und aus?«

Da muss Mama lächeln. »Ein Schalter«, antwortet sie.

»Immer wenn man die Tür öffnet, geht das Licht an. Und wenn du die Tür wieder schließt, geht es aus.« Zum Beweis macht Mama die Kühlschranktür zu. »Jetzt ist das Licht aus.«

Lea versucht an den Seiten in den Kühlschrank hineinzugucken. Aber wegen des dicken Gummirings rund um die Tür kann sie nicht erkennen, ob es im Innern des Kühlschranks nun hell oder dunkel ist.

»Blöder Gummiring«, sagt Lea. »Ich kann überhaupt nichts sehen! Nicht mal ein klitzekleines bisschen.«

»Das ist auch gut so«, sagt Mama. »Der dicke Gummiring sorgt nämlich dafür, dass keine Kälte aus dem Kühlschrank kommt. Hmm, lass mich mal überlegen, wie wir das herausbekommen können … Ich hab's«, sagt sie und schnipst dabei mit den Fingern. »Wir legen einfach mein Handy in den Kühlschrank und machen einen Kurzfilm!«

»Oh ja!«, ruft Lea begeistert. Wie schön, dass Mama immer so tolle Ideen hat!

Mama drückt auf *Aufnahme* und legt ihr Handy in den Kühlschrank. »So, jetzt warten wir ein wenig.«

Jetzt ist Lea aber gespannt! Und es dauert gar nicht lange, da holt

Mama das Handy auch schon wieder heraus. Zusammen sehen sich die beiden die Aufnahme an. Und tatsächlich! Zuerst ist das Licht an, dann geht es aus, und es ist stockfinster im Kühlschrank. Und genau in dem Moment, als Mama die Kühlschranktür öffnet, um das Handy herauszuholen, geht das Licht wieder an.

»Es klappt!«, ruft Lea und freut sich.

»Siehst du«, sagt Mama. »Die Tür drückt beim Zuklappen auf einen Schalter, und schon ist es stockfinster im Kühlschrank. Das ist genauso, als ob du das Licht von einer Lampe ausmachst. Dazu drückst du ja auf den Lichtschalter. Drückst du den Schalter auf *An*, ist der Stromkreis geschlossen. Dann kann der Strom fließen, und die Lampe brennt. Drückst du den Lichtschalter auf *Aus*, wird der Stromkreis unterbrochen, und die Lampe geht aus.«

»Und was ist ein Stromkreis?«, fragt Lea neugierig.

»Damit ein Stromkreis zustande kommen kann, sind drei Dinge nötig: erstens eine Stromquelle, zum Beispiel eine Steckdose oder Batterie; zweitens ein sogenannter Stromverbraucher, also eine Glühlampe oder eine Maschine, wie zum Beispiel ein Kühlschrank oder Computer; und drittens natürlich die Stromleiter, also die Kabel, die alles miteinander verbinden«, erklärt Mama.

Lea ist enttäuscht. »Das verstehe ich nicht«, sagt sie und macht ein betrübtes Gesicht.

Mama lächelt aufmunternd. »Weißt du was? Ich zeichne es auf. Dann kannst du es besser verstehen.«

»Super!«, ruft Lea und rennt in ihr Zimmer, um Malsachen zu holen. Als sie zurückkommt, sind alle Sachen vom Küchentisch verschwunden, und es gibt ganz viel Platz zum Malen. Mama und Lea setzen sich zusammen an den Tisch.

»Ich erkläre es dir am Beispiel einer Taschenlampe«, sagt Mama und fängt an zu malen. »Also, so sieht es im Innern einer Taschenlampe aus. Hier liegen die Batterien, und ganz vorne ist die Glühlampe. Wenn man nun die Taschenlampe einschaltet, wird der Kreislauf Batterie–Glühbirne–Batterie geschlossen. Sofort beginnt dann die Elektronenpumpe zu arbeiten. Die Glühbirne bekommt Strom und leuchtet auf. Etwa so …«, sagt Mama und zeichnet den Weg des Stroms mit einem roten Stift in das Innere der Taschenlampe ein. Zum Schluss malt sie um die Glühbirne noch ein paar rote Strahlen.

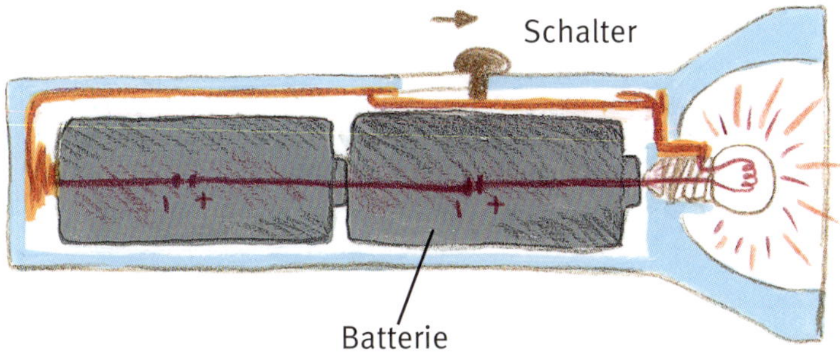

»Jetzt leuchtet sie!«, ruft Lea und klatscht vor Vergnügen in die Hände.

Mama nickt. »Ja, und genauso geht das Licht auch wieder aus, wenn du den Ausschalter drückst. Und genauso funktioniert das Licht im Kühlschrank. Nur dass wir hier das Licht nicht selbst an- und ausschalten

müssen. Das macht der Kühlschrank automatisch durch den eingebauten Schalter, wenn man die Kühlschranktür schließt«, erklärt sie.

»Ganz schön schlau, unser Kühlschrank!«, sagt Lea.

Mama lacht und öffnet die Kühlschranktür. »Nicht nur unser Kühlschrank ist schlau! Wer so fleißig war und so viel gelernt hat wie du, der hat eine Belohnung verdient«, sagt Mama schmunzelnd und holt die Puddingschüssel aus dem Kühlschrank.

»Hmmm, Pudding!«, ruft Lea und freut sich.

Wozu ein Regentag doch alles gut sein kann!

Was hört man in einer Meeresschnecke rauschen?

»Brr, ganz schön ungemütlich«, sagt Papa und schlägt fröstelnd seinen Jackenkragen hoch.

Ein eisiger Wind fegt über das Watt und kräuselt die grauen Wasserlachen auf dem Schlick.

Kaum zu glauben, dass die in der Sonne eben noch so blau geleuchtet haben, denkt Benni. Auch ihm ist auf einmal kalt. Sehnsüchtig schaut er in den Himmel. Aber wohin er auch guckt: Überall hängen dicke, dunkelgraue Wolken. So, wie es aussieht, lässt sich die Sonne heute nicht mehr blicken.

Nur Mama scheint das alles nicht zu stören. Begeistert sucht sie den Schlickboden nach Muscheln ab, obwohl ihre Tüte fast schon voll ist.

Zuerst haben Benni und Papa eifrig mitgesammelt. Immer weiter sind sie dabei ins Watt hinausgewandert. So weit, dass aus dem riesigen Grasdeich am Ufer nun ein mickriger kleiner Strich geworden ist, den Papa jetzt stirnrunzelnd anguckt.

»Mensch, ich hab gar nicht gemerkt, dass wir schon so weit vom Ufer weg sind«, sagt er. Rasch schaut er auf seine Uhr. »Oh, oh«, murmelt er besorgt.

»Was ist denn?«, fragt Mama und guckt endlich mal wieder vom Boden auf.

»Wir sind ganz schön weit draußen, und die Flut kommt gleich.«

Schnell machen sie sich auf den Rückweg. Gerade als sie einen letzten kleinen Priel vor dem Deich durchquert haben, passiert es.

»Wow!«, ruft Mama plötzlich, drückt Papa die Muscheltüte in die Hand und läuft am Priel entlang. Allerdings nur ein paar Schritte. Denn auf einmal wird der Boden so matschig, dass ihre Stiefel immer tiefer einsinken. Doch das scheint sie überhaupt nicht zu interessieren. Wild entschlossen arbeitet sie sich weiter durch den Modder, bis sie stehen bleibt und etwas aufhebt.

»Tata!«, ruft sie und hält ein Schneckenhaus mit einer wunderschönen spiralförmigen Schale in die Höhe. »Eine Meeresschnecke! So eine große habe ich hier ja noch nie gesehen! Die bringt uns das Meer nach Hause«,

ruft Mama und steckt die Meeresschnecke in ihre Jackentasche. Ehe Papa und Benni fragen können, was sie damit meint, setzt sich Mama wieder in Bewegung. Oder besser gesagt, sie versucht, sich in Bewegung zu setzen. Denn inzwischen stecken ihre Gummistiefel so tief im Matsch, dass sie sich nicht mehr von der Stelle rühren kann.

»Keine Sorge«, ruft Papa. »Nicht bewegen. Wir kommen!«

Vorsichtig staksen Papa und Benni um Mama herum, bis sie eine festere Stelle finden, von der aus Papa sie mit den Händen erreicht.

Mit angehaltenem Atem guckt Benni zu, wie Papa Mama an den Händen packt und zerrt und zieht, bis er einen ganz roten Kopf kriegt – und Mamas Gummistiefel sich urplötzlich mit einem satten *Schlörp* aus dem Matsch lösen.

Dann geht alles blitzschnell. Mama kommt frei, stolpert nach vorne und prallt gegen Papa, der prompt mit dem Hosenboden im Matsch landet. *Platsch!*

Eine Sekunde gucken sich alle verblüfft an. Mama und Benni geben ihr Bestes, um ernst zu bleiben. Aber so, wie Papa verdutzt zu ihnen hochblinzelt, können sie sich ein Grinsen einfach nicht verkneifen.

»Ich will nichts hören«, knurrt Papa sauer, als Mama ihn hochzieht.

Doch die drückt ihm gleich einen Schmatzer auf den Mund, und schon kann Papa wieder lächeln.

Jedenfalls kurz. Denn in den nassen Klamotten wird ihm nun richtig kalt.

Zurück in der Ferienwohnung, geht Papa als Allerserstes unter die warme Dusche, und danach gibt's auf den Schreck erst einmal heißen Kakao und Schokokekse. Alle lassen es sich schmecken, und bald ist Papas kleiner Unfall vergessen. Jedenfalls bis Mama die seltsame Meeresschnecke holt, um sie in Ruhe zu bewundern.

»Ach, das blöde Ding«, brummt Papa.

»Wieso blödes Ding?«, fragt Mama entrüstet.

»Na, deswegen bin ich doch erst im Matsch gelandet!«, beschwert Papa sich. »Warum wolltest du die denn unbedingt haben?«

»Na, weil es eine Zaubermeeresschnecke ist«, antwortet Mama und lächelt geheimnisvoll.

»Eine Zaubermeeresschnecke?«, fragt Benni und macht ganz große Augen.

»So ist es«, sagt Mama und gibt Benni die Meeresschnecke. »Darin hört man das Meer rauschen. Hier, versuch's mal.«

Benni hält sich das Schneckenhaus ans Ohr. Tatsächlich! Nicht zu fassen! Darin rauscht es wie am Meer!

»Aber wie kommt das Meer da rein?«, fragt Benni und schaut neugierig ins Schneckenhaus. Doch da ist nicht ein Tropfen Meerwasser zu entdecken.

»Eigentlich hat das Rauschen nichts mit dem Meer zu tun«, sagt Mama.

»Äh, ich glaube, ich weiß es«, sagt Papa. »Es ist das Blut in unseren Ohren, das wir rauschen hören, stimmt's?«

Mama lächelt. »Leider falsch getippt. Das Rauschen kommt von Geräuschen, die es immer um uns herum gibt. Autolärm zum Beispiel, Kühlschrankbrummen, Uhrgeticke und all so was. Das wird in der Muschel hin und her geworfen. Dadurch fängt die Luft drinnen in der Muschel an zu schwingen. Und das hört sich dann an wie Meeresrauschen. Funktioniert übrigens auch mit 'nem Joghurtbecher!«

»Eigentlich schade, dass es nicht das echte Meer ist, das man hört«, sagt Benni.

»Aber wenn du zu Hause wieder hineinhörst, bringt dich die Meeresschnecke sofort in den Urlaub zurück«, tröstet Mama ihn. »Warte mal ab.«

Das kann Benni sich fast nicht vorstellen. Aber als er dann Tage später vor dem ersten Schultag im Bett liegt und nicht schlafen kann, probiert er es doch. Vorsichtig nimmt er die Meeresschnecke von seinem Nachttisch, horcht hinein und macht die Augen zu.

Tatsächlich! Vielleicht ist es doch so etwas wie eine Zaubermeeresschnecke. Denn wie er so dem Rauschen zuhört, hat er plötzlich das Gefühl, wieder im Urlaub zu sein, direkt am Meer …

Wie kommt das Küken in das Ei?

Calotta schlägt die Augen auf. Draußen ist es schon hell, und die Vögel zwitschern um die Wette. Drinnen ist es aber noch ganz ruhig. Dann ist heute Sonntag, denkt Calotta und freut sich. Sonntage sind schöne Tage. Keiner muss sich beeilen, und alle haben viel Zeit. Außerdem gibt es sonntags immer ein Frühstücksei. Das mag Calotta besonders gern. Natürlich isst sie auch gern Spiegeleier oder Rühreier. Aber Sonntagsfrühstückseier sind einfach das Allergrößte! Besonders wenn das Eigelb schön weich ist und im Mund zerläuft. Hmmm!

Calotta springt aus dem Bett. Vor dem Frühstück möchte sie noch kuscheln. Denn auch das ist schön am Sonntagmorgen. Mama und Papa müssen nicht zur Arbeit, Calotta nicht in den Kindergarten und Jonas, Calottas Bruder, nicht in die Schule.

Auf Zehenspitzen schleicht Calotta zum Schlafzimmer ihrer Eltern. Schließlich braucht Jonas ja nicht unbedingt wach zu werden. Manchmal ist es auch schön, Mama und Papa ganz für sich allein zu haben.

Leise öffnet sie die Tür und springt dann mit Karacho ins Bett.

»Au!«, schreit eine Stimme unter der Bettdecke auf. »Du bist mir aufs Bein gesprungen!«, beschwert sich Jonas lautstark. Er hatte wohl die gleiche Idee wie Calotta, nur eben ein bisschen früher.

»Soll ich mal pusten?«, fragt Calotta, die Jonas trösten möchte. Aber Jonas zieht das Bein beleidigt weg. »Lass das«, sagt er. »Ich bin doch kein Baby mehr!«

»So schlimm?«, fragt Mama und drückt Jonas ganz fest an sich. Da scheint es Jonas gleich wieder besser zu gehen.

»Ich mach dann mal Frühstück«, sagt Papa und steht auf.

»Ich komme mit!«, sagt Jonas.

Prima!, denkt Calotta. Dann kann ich jetzt ganz allein mit Mama kuscheln!

Wenig später sitzen alle vier beim Sonntagsfrühstück. Und natürlich gibt es weiche, warme Sonntagsfrühstückseier. Für Calotta ist die Welt in Ordnung. Aber Jonas möchte heute kein Ei und schiebt es mürrisch beiseite. Er blinzelt böse zu Calotta rüber. Gerade als die einen Löffel Eigelb zum Mund führt, sagt er: »Ja, ja. Iss nur das arme Küken auf!«

Calotta lässt auf der Stelle den Löffel sinken und starrt auf das Eigelb. Tränen steigen ihr in die Augen, und dann muss sie fürchterlich weinen.

»Jonas!«, sagt Papa streng. »Was soll das denn?«

Mama versucht, Calotta zu trösten. »Das stimmt doch gar nicht. Jonas will dich nur ärgern, weil du ihm vorhin wehgetan hast«, sagt sie und streicht Calotta über den Kopf.

»Dann ist das Gelbe kein Küken?«, fragt Calotta schluchzend.

»Nein, ganz bestimmt nicht. Erst wenn ein Ei befruchtet ist, kann ein Küken darin wachsen. Und dein Ei ist ganz sicher nicht befruchtet.«

»Und wie kommt das Küken in das Ei?«, fragt Calotta, während sie sich langsam wieder beruhigt.

Da hat Papa eine Idee. »Wisst ihr was? Das sehen wir uns am besten direkt im Tierpark an. Dort gibt es nämlich Brutapparate und eine Aufzuchtstation für Küken«, schlägt er vor.

»Oh ja!«, ruft Calotta und ist kein bisschen mehr traurig.

Jonas verdreht die Augen. »Tierpark ist doch langweilig! Ich will lieber in den Zoo. Da gibt es Löwen und Elefanten.«

»Das hast du dir selbst eingebrockt«, sagt Mama. »Und wer weiß, vielleicht kannst ja auch du noch etwas lernen.«

Calotta findet den Tierpark toll. All die vielen Tiere, den riesigen Spielplatz und natürlich den Streichelzoo. Aber heute möchte sie als Erstes zu den Küken. Doch als sie in der Aufzuchtstation ankommen, ist der Brutapparat leer.

»Oh nein«, sagt Calotta enttäuscht und drückt ihre Nase gegen die Scheibe des Brutapparats. Kein Ei weit und breit.

In diesem Moment kommt ein Mann mit einem Korb voll Eier, öffnet den Brutapparat und legt die Eier vorsichtig hinein.

»Sind da schon Küken drin?«, fragt Calotta gleich.

»Ja und nein«, antwortet der Mann freundlich.

»Das verstehe ich nicht«, sagt Calotta und runzelt die Stirn.

Der Mann lächelt und beugt sich zu Calotta. »Na ja, es ist zwar noch kein fertiges Küken in dem Ei, aber es ist alles vorhanden, was ein Küken zum Wachsen braucht. Aber das dauert seine Zeit. Nun muss es sich weiterentwickeln. Das ist so ähnlich wie in einer Raumkapsel. Wie ein Astronaut hat das kleine Küken alles mit, was es zum Leben braucht.«

Das findet nun auch Jonas spannend. »Und was braucht das Küken?«, fragt er.

»Die Küken sind im Ei durch eine Nabelschnur mit dem Dotter verbunden. Von dort erhält das Küken alle wichtigen Nährstoffe. Von au-

ßen braucht das Küken nur Wärme und Luft zum Atmen. Hier im Brutapparat liegt die Temperatur konstant bei 38 bis 40 Grad. In der freien Natur setzt die Henne sich auf die gelegten Eier. Das Federkleid kann die Körperwärme der Vögel besonders gut speichern. Deshalb sind die Eier immer schön warm.«

»Und was ist Dotter?«, fragt Calotta.

Der Mann lächelt. »Das Gelbe vom Ei«, sagt er.

»Ah, das, was so lecker schmeckt und so schön im Mund zerläuft!«, ruft

Calotta und freut sich, denn nun weiß sie ganz sicher, dass sie am Morgen kein Küken gegessen hat.

»Dem Küken schmeckt das Eigelb wohl auch«, erklärt der Mann weiter. »Im Laufe der 21 Tage werden Eigelb und Eiweiß immer weniger und das Küken immer größer. Im Moment aber würde man nur einen weißen, flachen Fleck auf der oberen Außenseite des Eigelbs sehen. Das Besondere am Dotter ist, dass er nur aus einer Zelle besteht und damit die größte bekannte Zelle ist.«

Mama und Papa sehen sich verblüfft an. Denn das haben auch sie nicht gewusst.

»Schade, dass man nicht ins Ei hineingucken kann«, sagt Calotta.

»Das ist wirklich schade«, antwortet der Mann. »Aber da drüben hängen Schautafeln. Da kann man ganz genau sehen, wie sich das Küken im Ei entwickelt.«

Sofort saust Calotta zu den Schautafeln. Mama, Papa und Jonas folgen ihr interessiert.

»Guck mal«, sagt Mama und zeigt mit ihrem Finger auf die erste Schautafel. »Am Anfang ist nur ein ganz kleiner Punkt im Ei zu sehen.

Dieser wird dann immer größer. Und so nach einer Woche kann man die Embryoform eines Kükens immer besser erkennen. In der dritten Woche wird es von Tag zu Tag enger im Ei, weil das Küken immer größer wird. Am 20. Tag ist das Ei, bis auf die Luftblase, komplett mit dem Küken ausgefüllt. Es liegt ganz eng zusammengerollt, und seinen Kopf steckt es nach vorn über die Brust und unter einen Flügel. Das Küken wiegt jetzt ungefähr 30 Gramm und kann schlüpfen.«

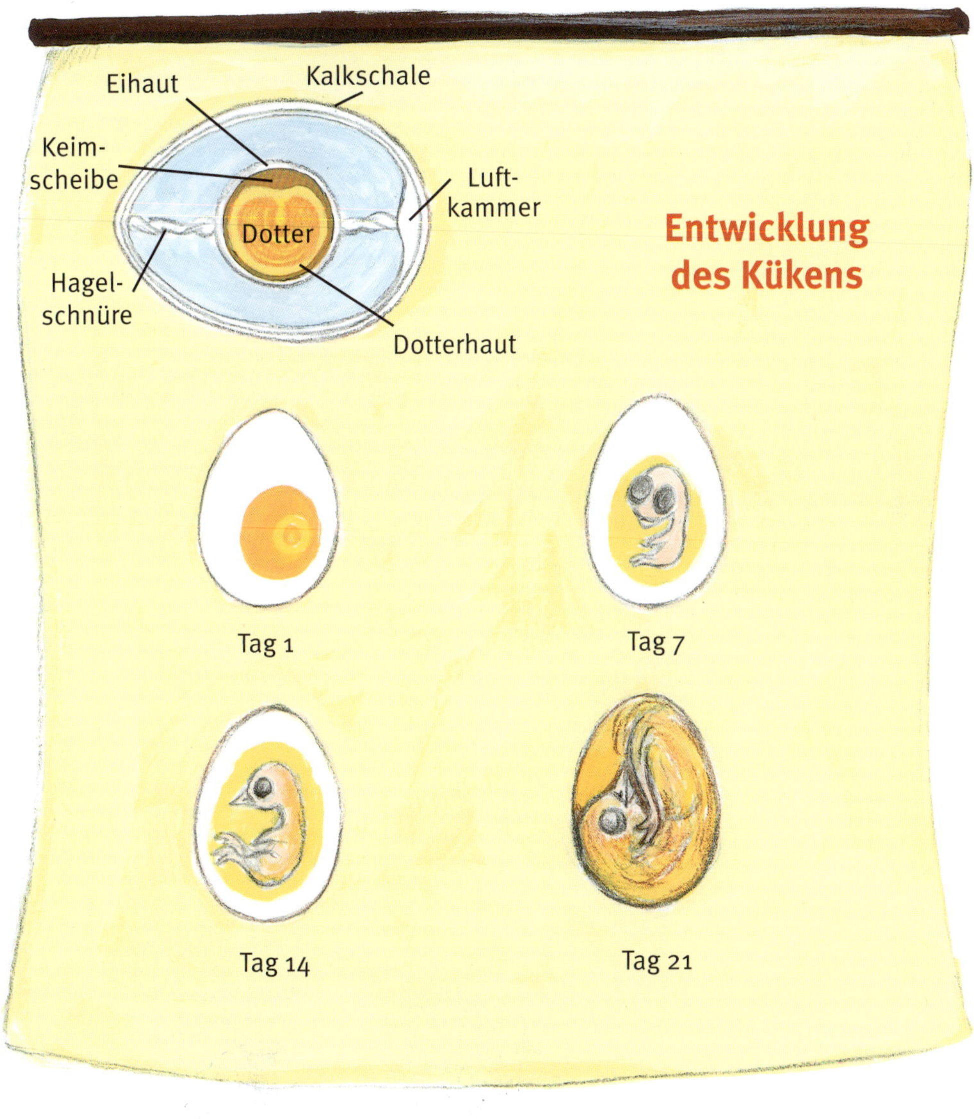

»Aber das dauert ja noch sooo lange«, sagt Calotta und macht ein trauriges Gesicht.

»Wir können ja Sonntag in drei Wochen noch mal herkommen«, schlägt Mama vor.

»Oh ja!«, ruft Calotta und hüpft vor Freude auf der Stelle.

»Und ich komm mit!«, sagt Jonas, der die Raumkapsel Ei nun auch ganz packend findet.

»Jetzt weiß ich aber immer noch nicht, wie das Küken in das Ei kommt«, sagt Calotta.

»Ganz einfach indem der Hahn sein Geschlechtsteil gegen das der Henne drückt«, sagt der Mann.

»Mit seinem Penis?«, fragt Jonas.

»Nein, ein Hahn hat keinen Penis. Hühner gehören zu den Vögeln. Nur Strauße, Enten und Gänse haben so etwas wie einen Penis. Alle anderen Vögel haben das nicht. Aber es funktioniert auch so. Der Samen des Hahns schwimmt dann in den Eileiter der Henne«, erklärt der Mann. »In seinem oberen Abschnitt wird die Eizelle, sprich das Eigelb, befruchtet. Das Eigelb wird durch den Eileiter nach außen transportiert. Dabei werden das Eiklar und die Eihäute angelagert. Ganz zum Schluss kommt die Schale um das Ganze. Und fertig ist das Ei. Das dauert ungefähr 24 Stunden. Dann legt die Henne das Ei.«

»Puh!«, sagt Mama. »Jetzt haben wir aber alle viel gelernt! Zeit für eine Pause.« Und zufälligerweise hat Mama für jeden ein hart gekochtes Ei dabei. Und das lässt Calotta sich jetzt besonders gut schmecken.

Warum geben wir uns die rechte Hand?

»Ihr lahmen Enten habt keine Chance!«, ruft Jan den Kindern der Regenbogengruppe zu. Die stehen ebenso wie Jans Mondgruppe hintereinander in einer Reihe und warten ungeduldig auf den Startschuss. Denn jeden Moment beginnt der große Staffelwettlauf des Kindergartenfestes.

»Das wirst du ja gleich sehen, du Pudding-Heini!«, ruft Robert empört zurück, der wie Jan als Zweiter in seiner Gruppe dran ist.

Das hat gesessen. Überall um Jan herum ertönt heftiges Gekicher. Jan wird knallrot. Jeder weiß, dass er Pudding über alles mag, aber ihn deswegen Pudding-Heini zu nennen ist voll fies.

Und dann sagt das ausgerechnet noch Robert, der ihm sowieso monstermäßig auf die Nerven geht, seit er vor Kurzem neu in den Kindergarten gekommen ist. Erst hat er dauernd seine Kindergartentasche an Jans Haken gehängt – angeblich aus Versehen. Und gestern hat er Jans vollen Kakaobecher umgestoßen, als er beim Frühstück neben ihm saß. Dabei ist der ganze Kakao auf seinem Lieblings-T-Shirt gelandet. Aber das war ja angeblich wieder nur ein Versehen, wie Antje und Fred, ihre Erzieher, meinten.

Wer's glaubt, denkt Jan und könnte auf einmal vor Wut platzen.

Da ertönt zum Glück das Startkommando.

»Auf die Plätze«, ruft Antje.

»Fertig«, ruft Fred.

»Los!«, rufen beide zusammen.

Unter lauten Anfeuerungsrufen flitzen die beiden Startläufer los.

Johlend und hüpfend verfolgen Jan und die anderen Kinder der Mondgruppe, wie Olga, ihre erste Läuferin, über eine Turnbank balanciert und anschließend mit einem Fußball im Slalom ein paar Stangen umdribbelt. Als sie gleich darauf in einen langen Sacktunnel kriecht, hat Benne aus der Regenbogengruppe beim Dribbeln eine Stange verpasst und muss noch mal kurz zurück.

Dann kommt Olga auch schon aus dem Sacktunnel gekrabbelt und setzt sich auf einen großen Hüpfball. Wie ein Känguru hopst sie damit zur letzten Station: einem Klapptisch, auf dem eine riesige Pyramide mit Schokoküssen aufgebaut ist.

Benne kommt gerade erst aus dem Sacktunnel gekrochen und liegt weit hinter Olga zurück.

Doch jetzt beginnt der knifflige Teil. Denn Olga muss, ohne die Hände zu benutzen, einen Schokokuss in den Mund nehmen und den ganzen

Weg wieder zurück! Natürlich ohne den Schokokuss zu verschlucken oder fallen zu lassen.

Jan sieht zu, wie Olga vom Hüpfball steigt, zum Tisch geht und vorsichtig einen Schokokuss mit dem Mund aufnimmt.

»Ja, super!«, jubelt Jan.

Langsam setzt sich Olga auf den Hüpfball und macht sich auf den Rückweg. Allerdings viel, viel vorsichtiger und langsamer als auf dem Hinweg. Einen Moment später nimmt auch Benne seinen Schokokuss problemlos in den Mund und macht sich auf den Rückweg – viel schneller als Olga.

Kurz vor dem Ziel sind Benne und Olga fast auf gleicher Höhe. Jan ist vor Aufregung ganz zappelig. Nur noch ein paar Sekunden, dann ist er dran.

Im nächsten Augenblick überquert Olga auch schon die Ziellinie, und Jan stürmt los. Mühelos kommt er über die Turnbank und dribbelt mit dem Fußball in Rekordtempo um die Slalomstangen. Rasch wirft er einen Blick zur Seite. Verdammt! Robert ist fast genauso weit wie er!

Jan gibt alles, um noch schneller voranzukommen. Und tatsächlich: Als er die Schokoküsse erreicht, hat er wieder einen kleinen Vorsprung.

Allerdings einen sehr kleinen. Mit wilden Hopsern kommt Robert auf seinem Hüpfball herangestürmt. Und dann passiert es. Kurz vor seiner Schokokuss-Station verliert Robert das Gleichgewicht. Er lässt den Hüpfball los und stolpert zur Seite. Genau gegen den Rücken von Jan, der sich gerade über den Tisch beugt und nun mit dem Gesicht voran in der Schokokusspyramide landet.

Nach einer Schrecksekunde fangen alle an zu kichern. Nur Jan nicht. Und auch Robert nicht,

der Jan zerknirscht anguckt. »D… das w…wollt ich nicht«, stottert er. Robert sieht wirklich ziemlich erschrocken aus. Doch jetzt ist Jan so richtig wütend.

»Du Blödmann!«, brüllt er und wirft Robert einen zermatschten Schokokuss ins Gesicht. Nun sieht auch Robert rot vor Wut und packt seinen Hüpfball an den Hörnern, um Jan damit ordentlich eins überzubraten. Was Fred gerade noch rechtzeitig verhindern kann.

»Sofort aufhören!«, ruft Fred. »Ihr kommt jetzt mit rein in den Waschraum. Und dann will ich hören, was das ganze Theater soll.«

Mit hängenden Köpfen gehen Jan und Robert mit Fred nach drinnen.

»Und?«, sagt Fred, nachdem sie sich sauber gemacht haben. »Dann schießt mal los.«

Aufgebracht beginnt Jan zu erzählen, was Robert außer dem Schokokussanschlag noch alles angestellt hat: das mit der Kindergartentasche an seinem Haken, dem verschütteten Kakao und seinem ruinierten Lieblings-T-Shirt und …

»Aber das war doch alles keine Absicht«, unterbricht Robert ihn empört.

»Und Pudding-Heini hat er vorhin auch noch zu mir gesagt«, fügt Jan beleidigt hinzu.

»Aber nur, weil du uns lahme Enten genannt hast«, sagt Robert.

»Okay«, sagt Fred. »Da seid ihr also quitt. Und das andere hat Robert bestimmt nicht mit Absicht getan. Wie wär's, wenn ihr euch wieder vertragt und euch die Hände gebt?«

Aber keiner will als Erster die Hand ausstrecken. Unentschlossen stehen sich Jan und Robert gegenüber. Da muss Fred auf einmal grinsen.

»Warum grinst du so?«, brummt Jan.

»Also, wenn man euch Streithähne so anguckt, kann man sich gut vorstellen, wie es kam, dass man sich die Hände gibt.«

Jan und Robert sind immer noch wütend, aber irgendwie auch ganz schön neugierig, was es damit auf sich hat.

»Wie kam das denn?«, fragt Robert schließlich nach.

»Na ja«, erklärt Fred. »Ganz, ganz früher, in gefährlicheren Zeiten, waren die Menschen misstrauischer. Wenn sich zwei trafen, die einander nicht kannten, blieben sie vorsichtshalber erst mal auf Abstand. Und zwar, indem sie dem anderen die leere rechte Hand entgegenstreckten. Auch damals waren die meisten Menschen nämlich Rechtshänder. Die leere Rechte sollte dem anderen zeigen: He, guck; meine Waffenhand ist leer, ich komme in friedlicher Absicht. Damit der andere in allerletzter Sekunde nicht doch noch eine Waffe zückt, hat man sich die Hände gegeben. Daraus wurde dann das Händeschütteln. Zur Begrüßung, aber irgendwann später auch, um eine Vereinbarung zu besiegeln. So wie ihr.«

»Wie wir?«, fragt Robert.

»Vereinbarung?«, fragt Jan.

»Ja, die Vereinbarung, euch zu vertragen«, erklärt Fred und lacht. »Also gebt euch die Hand, und zeigt, dass ihr keine Waffen mehr habt. Weder Schokokuss noch Hüpfball.«

Darüber müssen die beiden kurz nachdenken.

»Da, kein Schokokuss!«, sagt Jan schließlich und streckt Robert die leere Hand entgegen.

»Und kein Hüpfball!«, sagt Robert und tut es ihm nach.

Und dann müssen auch sie lachen – bevor sie sich kräftig die Hände schütteln.

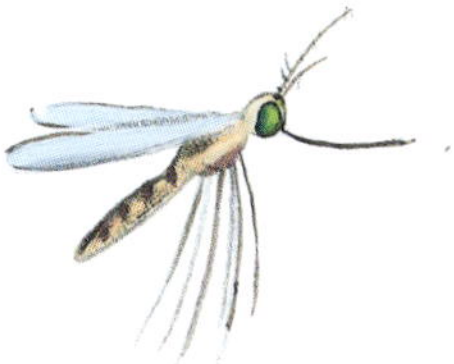

Warum jucken Mückenstiche?

Ben ist vollkommen aus dem Häuschen. Heute wird er zum ersten Mal zelten. Natürlich nicht allein. Gleich kommt sein bester Freund Paul herüber. Zu zweit ist man nämlich doppelt so mutig wie allein.

Paul wohnt nebenan. Ben und er gehen zusammen in den Kindergarten und sind auch sonst beinahe unzertrennlich. Und heute bleibt Paul die ganze Nacht. Gemeinsam übernachten sie dann draußen im Zelt. Das wird ein Abenteuer!

Da klingelt es auch schon. Ben rennt zur Tür. Paul steht da in voller Montur. Er hat einen Schlafsack unter dem Arm, einen prall gefüllten Rucksack auf dem Rücken, und an seiner Gürtelschlaufe baumelt eine Taschenlampe.

»Von mir aus kann's losgehen«, sagt er und stürmt an Ben vorbei durch das Haus in den Garten. Paul ist nämlich genauso aufgeregt wie Ben und würde am liebsten sofort mit dem Abenteuer beginnen.

»Meine Sachen sind schon alle im Zelt«, sagt Ben.

Paul rollt seinen Schlafsack aus und legt ihn gleich neben den von Ben.

Da erscheint Bens Papa auf der Terrasse. »Hier habt ihr noch zwei warme Decken«, sagt er. »In der Nacht kann es nämlich ganz schön kühl werden. Zwei Kopfkissen habe ich euch auch noch mitgebracht.«

»Und für jeden noch einen Schnuller«, ruft Till lachend von oben aus seinem Zimmerfenster. Till ist Bens großer Bruder. Darauf bildet er sich mächtig was ein. Und alles nur, weil er zwei Köpfe größer ist als Ben und aufs Gymnasium geht. »Ihr beiden Winzlinge wollt also ganz allein eine Nacht draußen bleiben? Das will ich sehen! Spätestens wenn es dunkel wird, macht ihr euch in die Hosen und kommt wieder rein.«

»Tun wir nicht!«, ruft Ben verärgert nach oben und stemmt dabei beide Arme in die Hüften. »Das werden wir dir noch zeigen!«

Doch Till lacht wieder nur. »So eine Nacht im Zelt ist lang«, sagt er. »Und wenn um Mitternacht die Geisterstunde beginnt …«

»Jetzt ist es aber genug«, sagt Papa und sieht streng zu Till hoch. »Erschrecke die beiden doch nicht so!« Er dreht sich wieder zu Paul und Ben um. »Ihr braucht überhaupt keine Angst zu haben«, sagt er mit ruhiger, sanfter Stimme. »Da es keine Geister gibt, kann es auch keine Geisterstunde geben. Till will euch nur Angst einjagen.«

»Wer's glaubt!«, sagt Till beleidigt und schließt das Fenster.

»Außerdem ist die ganze Nacht die Terrassentür offen«, sagt Bens Papa weiter. »So könnt ihr jederzeit ins Haus kommen.«

Das beruhigt Ben und Paul. Aber zugeben würden sie das nie im Leben. Stattdessen sagt Ben: »Ich habe keine Angst!«

»Ich auch nicht!«, fügt Paul mindestens genauso bestimmt hinzu.

»Dann ist ja gut. Und lasst das Zelt zu, sonst kommen die Mücken rein«, sagt Papa und geht ins Haus.

Ben und Paul krabbeln ins Zelt und ziehen den Reißverschluss zu.

»Super!«, ruft Paul. »Ein Kassettenrekorder!«

Ben hat sich schon alles genau überlegt. »Ich habe jede Menge Kassetten dabei«, sagt er.

»Toll! Detektivgeschichten!«, ruft Paul begeistert, als er die Kassetten durchsieht.

Wenig später sitzen Ben und Paul auf ihren Schlafsäcken und lauschen gespannt den Detektivgeschichten.

Plötzlich hören die beiden ein seltsames Geräusch. Ben macht die Kassette aus, um besser hören zu können. Und tatsächlich.

»Hu-hu, hu-hu«, tönt es leise durch den Garten. Vor Schreck vergessen sie fast zu atmen. Da, noch mal: »Hu-hu, hu-hu.« Diesmal aber schon deutlich lauter – und näher.

Paul schluckt. »Was ist das?«, fragt er leise. »Ist es schon Mitternacht?«

»Am besten sehen wir mal nach«, flüstert Ben noch leiser zurück. Er nimmt die Taschenlampe und öffnet ganz vorsichtig das Zelt. Als er nach draußen leuchtet, sieht er ein Gespenst, das wild gestikulierend und mit nackten Füßen vor dem Zelt herumhüpft.

»Uuund?«, stottert Paul ängstlich. »Wa…wa…was ist da draußen?«

»Das ist nur Till mit einem Bettlaken über dem Kopf, der uns erschrecken will«, antwortet Ben. »Du kannst echt froh sein, dass du keinen großen Bruder hast. Der kommt immer auf blöde Ideen.«

»Ja, und wenn es nicht Till ist, sondern ein richtiges Gespenst? Wie kommst du denn darauf?«

»Beste Detektivarbeit!«, antwortet Ben.

»Wie?«, fragt Paul.

»Weil Till ein großes Muttermal am Fuß hat. Und genau dieses Muttermal hat das Gespenst auch!«

Paul nimmt die Taschenlampe und leuchtet nach draußen. Mitten auf die Füße des Gespenstes. Und tatsächlich! Da ist ein großes braunes Muttermal am Fuß. »So eine Gemeinheit! Uns so zu erschrecken!«, sagt Paul.

Da flüstert Ben seinem Freund etwas ins Ohr. Im nächsten Moment stürmen beide zusammen aus dem Zelt und stürzen sich auf Till. Der gerät dabei aus dem Gleichgewicht und fällt der Länge nach ins Gras. Verdutzt zieht sich Till das Bettlaken vom Kopf.

»Du hättest dir Augen ins Laken schneiden sollen«, sagt Ben.

Doch Till findet das gar nicht lustig. Mürrisch schnappt er sich das Bettlaken und geht ins Haus zurück.

Ben und Paul krabbeln zufrieden wieder ins Zelt. Was für eine Nacht! Und nachdem sich die beiden in ihre Schlafsäcke gekuschelt haben, sind sie auch schon eingeschlafen. Abenteuer machen nämlich ganz schön müde.

Am nächsten Morgen sind Ben und Paul schon sehr früh wach. Ben kratzt sich am Arm und Paul am Ohr.

»So ein Mist. Mückenstiche! Überall juckt es«, schimpft Ben und springt aus dem Schlafsack.

Sofort springt auch Paul aus dem Schlafsack. »Wahrscheinlich sind die Mücken überall im Zelt.« So schnell die beiden können, rennen sie ins Haus.

Till ist merkwürdigerweise auch schon wach. Er sitzt auf dem Küchenstuhl. Vor ihm steht eine Schüssel Wasser, in der er seine Füße badet. »Wer ist denn hinter euch her?«, fragt er, als Ben und Paul in die Küche gestürmt kommen.

»Im Zelt sind überall Mücken!«, antwortet Ben und kratzt sich. Und Paul kratzt sich gleich mit.

»Nicht kratzen!«, sagt Till. »Damit macht ihr alles nur schlimmer.«

»Wieso?«, fragt Paul.

»Weil ihr so das Histamin schön unter der Haut verteilt und es dann noch mehr juckt.«

»Histawas?«, fragt Ben.

Till lacht. »Mücken haben ganz winzige Zacken an ihrem Saugrüssel«, erklärt er weiter. »Damit können sie winzige Schnitte in die Haut ritzen. Diese Schnitte sind so klein, dass man sie meist gar nicht bemerkt. Dann spritzt die Mücke ihren Speichel in die Wunde, der dafür sorgt, dass das Blut beim Saugen flüssig bleibt.

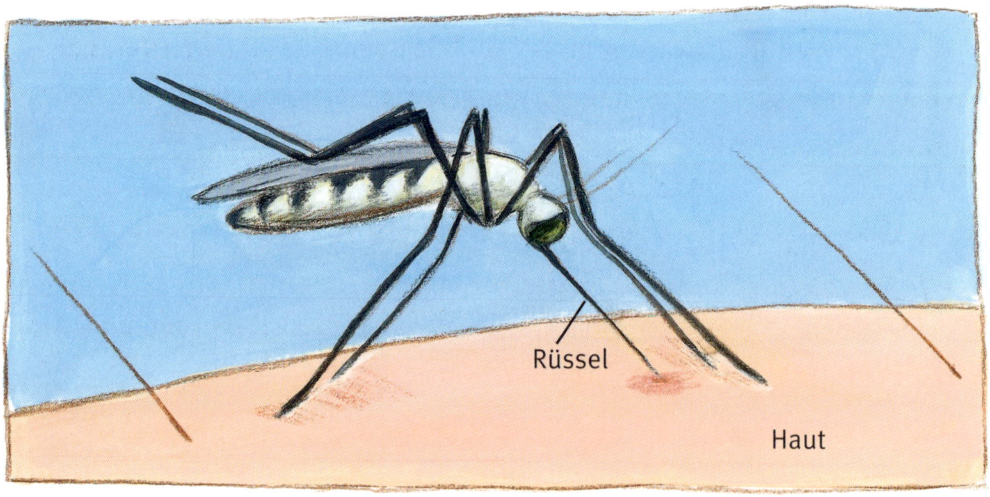

»Was ist Speichel?«, fragt Paul.

»Spucke«, antwortet Till und grinst.

»Igitt! Die spritzen tatsächlich Spucke in uns rein?«, fragt Ben entsetzt.

Till nickt. »Und genau das ist das Problem. Unser Körper bekämpft den fremden Speichel. Es kommt zu einer allergischen Reaktion. Und die kann von Mensch zu Mensch sehr unterschiedlich sein. Manche Menschen haben nur leichte Rötungen, andere bekommen hässliche, dicke Quaddeln.«

»Und das Histadingbums? Was macht das?«, fragt Ben.

»Der Körper bildet das Histamin zur Abwehr. Wenn man sich nun kratzt, verteilt sich das Histamin großflächig unter der Haut. Der Mückenstich wird rot und heiß, was dann zu einem noch stärkeren Juckreiz führt. Wird die Haut durch das Jucken dann auch noch aufgekratzt, kann sich die Wunde durch Keime auf der Haut entzünden.«

»Oje, oje«, sagt Ben. »Was machen wir denn jetzt?«

»Kühlen, kühlen und noch mal kühlen«, antwortet Till. Er nimmt die Füße aus der Schüssel, tupft sie mit etwas Küchenpapier ab, geht zum Kühlschrank und holt ein paar Kühlpads heraus. Wenig später sitzen Ben und Paul mit blauen Kühlpads an allen möglichen Stellen am Küchentisch.

»Ihr seht vielleicht aus!«, sagt Till und muss sich das Lachen verkneifen.

»Ja, und du? Hast du denn keine Mückenstiche?«, fragt Ben seinen Bruder.

»Ich habe so viele Mückenstiche an den Füßen, dass ich sie gar nicht mehr zählen kann! Da hilft nur noch die Radikalmethode, eine Schüssel mit Eiswasser!«

»Von wegen Eiswasser«, sagt Paul. »Ich sehe keinen einzigen Eiswürfel im Wasser!«

»Weil sie schon alle geschmolzen sind«, antwortet Till. »Aber wenn ihr mir nicht glaubt, mache ich es noch mal!«

Till geht zum Eisfach, holt die letzten Eiswürfel heraus und schüttet sie ins Wasser. Ben und Paul sehen sich gespannt an. Till beißt die Zähne zusammen und taucht erst den einen und dann den zweiten Fuß ins eisige Wasser.

»Das kommt davon, wenn man andere erschrecken will«, sagt Ben.

»Das ist unfair«, wehrt sich Till. »Habe ich euch nicht gerade ganz toll verarztet?«

Da muss Ben dann doch zugeben, dass es manchmal, aber wirklich nur manchmal, ganz nützlich sein kann, einen älteren Bruder zu haben.

Warum haben Zebras Streifen?

Aufgeregt rutscht Josefine auf ihrem Kindersitz herum. Rechts und links vom Auto ziehen grüne Wiesen und Felder vorbei. Und sogar ein strahlend blauer See glitzert in der Ferne. Aber das interessiert sie jetzt nicht die Bohne.

Josefine guckt nur nach vorn auf die Landstraße, wo ihr Auto gerade auf eine Kuppe zubraust. Von dort oben kann man schon etwas sehen, haben Mama und Papa gesagt.

Aufgeregt hält Josefine die Luft an, als sie die Kuppe erreichen.

Tatsächlich! In dem Tal ist endlich der Ponyhof zu sehen. Genauer gesagt der Ponyhof *Sonnenschein*, wo heute großer Familientag ist.

Papa hat davon in der Zeitung gelesen und sie angemeldet. Und was das Beste ist: Jede Familie kriegt für einen Tag ein eigenes Pony, um das sie sich kümmern muss.

»Hopp, hopp, hopp, Pony lauf Galopp«, singt, oder besser gesagt, brüllt Josefine vor Freude plötzlich so laut los, dass Papa und Mama erschrocken zusammenzucken.

Doch dann stimmen die beiden fröhlich mit ein: *»Über Stock und über Steine, aber brich dir nicht die Beine …«*

Wenig später haben sie den Ponyhof erreicht. Papa fährt zu einer Wiese, auf der schon viele Autos stehen.

So viele, dass es mit Josefines guter Laune schlagartig vorbei ist.

»Oh nein, bestimmt sind schon alle Ponys weg!«, sagt sie traurig.

Kaum hat Mama ihr aus dem Kindersitz geholfen, springt Josefine auch schon aus dem Auto und flitzt wie der Blitz auf einen großen Stall zu.

Da taucht plötzlich ein Mann von drinnen in der offenen Stalltür auf. So plötzlich, dass Josefine nicht mehr bremsen kann und geradewegs in ihn hineinrennt.

»Hoppla!«, ruft der Mann und lacht. Gerade eben kann er Josefine noch festhalten, bevor sie hinfällt. »Wohin so eilig?«

»Unser Pony holen«, nuschelt Josefine verlegen.

Der Mann schaut sie verwundert an. »Euer Pony?«, fragt er.

In dem Moment kommen Mama und Papa dazu. Schnell erklären sie dem netten Mann, warum Josefine es so eilig hatte.

Da lacht der Mann wieder. »Ach so«, sagt er. »Keine Bange. Es sind genug Ponys da. Aber die warten draußen auf der Weide. Kommt mit, ich bring euch hin. Ach, übrigens: Ich heiße Peter.«

Peter führt Josefine, Mama und Papa um den Stall herum. Dort steht ein kleiner Traktor mit Anhänger, auf dessen Bänken schon andere Eltern und Kinder sitzen und sich lebhaft unterhalten. Auch Mama, Papa und Josefine steigen auf den Anhänger und nehmen auf einer freien Bank

Platz. Josefines schlechte Laune ist wie weggeblasen. Gleich wird sie zum ersten Mal in ihrem Leben Traktor fahren! Und ein Pony bekommt sie auch!

Peter setzt sich vorne auf den Traktor. Mit einem lauten Wummern erwacht der Motor zum Leben, und dann setzt sich ihr Gespann in Bewegung.

Super, denkt Josefine. Jetzt geht's los.

Doch wie sich herausstellt, macht so ein Traktor nicht nur mordsmäßig Krach, er ist auch mordsmäßig langsam. Im Schneckentempo rumpeln und holpern sie eine kleine Ewigkeit über staubige Feldwege dahin, bis endlich eine große Weide vor ihnen auftaucht. An dem Weidezaun warten schon Helfer auf sie. Und jeder hält ein Pony am Halfter! Josefine betrachtet die Ponys ganz genau. Aber sie kann sich gar nicht entscheiden, welches das schönste ist.

Wenig später hat Peter jeder Familie einen Helfer und ein Pony zugeteilt. Das von Josefine, Papa und Mama ist eine hübsche weiße Ponydame und heißt Mylady.

»Hier, das ist zum Anfreunden«, sagt Constanze, ihre Helferin, und gibt jedem ein Stück Würfelzucker.

Zuerst ist Josefine etwas mulmig zumute, als sie Mylady das Zuckerstück hinhält. Doch die nimmt es ganz behutsam mit dem Maul auf, und Josefine muss sogar kichern, weil Myladys weiche Lippen so kitzeln.

Danach zeigt Constanze ihnen, wie man ein Pony striegelt und sattelt. Auch Josefine darf mit dem Striegel über das weiche Fell von Mylady gehen. Die lässt sich das ganz friedlich gefallen, während sie genüsslich auf ein paar Grashalmen herumkaut.

Und dann ist es so weit: Josefine darf auf Mylady zurück zum Ponyhof reiten! Zwar geht Constanze mit Mama und Papa nebenher und führt

Mylady am Zügel, aber trotzdem ist das fast so wie selber reiten, findet Josefine.

»Darf ich auch mal reiten?«, fragt Papa nach einer Weile. »Ich würde es so gerne versuchen.«

Das kann Josefine natürlich verstehen, und so kommt auch Papa mal an die Reihe.

»Die Zügel nehme ich selbst«, verkündet Papa stolz, als er im Sattel sitzt. Er nimmt der verblüfften Constanze die Zügel aus der Hand und schnalzt mit der Zunge.

»JEE-HAAAA!«, brüllt er begeistert wie ein Cowboy, woraufhin Mylady erschrocken in wildem Galopp davonprescht.

Wie erstarrt schauen sie zu, wie Mylady mit Papa hinter der nächsten Biegung verschwindet. Gleich darauf ertönt ein dumpfes *Rums!*.

»Oh Gott«, sagt Mama

»Au Backe«, sagt Constanze.

Und dann stürmen alle los.

Als sie um die Biegung kommen, sitzt Papa am Boden. Stöhnend hält er sich den Kopf, während Mylady ihn tröstend mit dem Maul gegen den Rücken stupst.

»Dieses blöde Ding«, schimpft Papa und zeigt nach oben, wo ein Ast tief über dem Weg hängt. »Ich bin mit dem Kopf voll dagegengestoßen – das gibt eine schöne Beule.«

Mama hilft Papa beim Aufstehen, aber dem scheint es glücklicherweise schon wieder gut zu gehen. Oder doch nicht?

»Oh nein«, sagt Papa plötzlich, als sein Blick auf die Weide fällt, die sich neben dem Weg befindet. »Ich glaube, ich hab 'ne Gehirnerschütterung – ich seh ein Zebra.«

Aber die hat Papa zum Glück wohl doch nicht. Denn als Josefine und Mama zur Weide schauen, sehen sie genau dasselbe.

Constanze lacht, als sie ihre verblüfften Gesichter sieht.

»Keine Sorge«, sagt sie. »Das ist Sunny, ein ganz normales Pferd. Seine Besitzerin hat ihm nur Zebrastreifen aufs Fell gemalt.«

»Zebrastreifen?«, fragt Mama verblüfft. »Wozu das denn?«

»Um ihn vor Bremsenstichen zu schützen«, erklärt Constanze. »Einige Forscher vertreten die Theorie, dass das Zebramuster hilft, Stechinsekten abzuschrecken. Mit ihren aus vielen kleinen Einzelaugen bestehenden Facettenaugen sehen Insekten alles ganz anders als wir. Man glaubt, dass sie sich nur ungern auf Zebras niederlassen, weil ihnen vor lauter Streifen schwummrig wird.«

Das hat Josefine nicht gewusst.

»Und ich dachte immer, dass die Streifen zur Tarnung da sind«, wundert sich Papa.

»Das stimmt auch«, antwortet Constanze. »Im Prinzip ist das mit der Tarnung ähnlich wie bei den Stechinsekten. In Afrika sorgt das Fellmuster dafür, dass Raubtiere im flimmernden Sonnenlicht Probleme haben, einzelne Zebras in der Herde zu erkennen. Sie sind verwirrt und können nicht erkennen, wo das eine Tier anfängt und das andere aufhört. In der Natur kommt es übrigens häufig vor, dass eine Sache mehrere Aufgaben erfüllt. So wird auch vermutet, dass junge Zebrafohlen ihre Mutter in der Herde an den Streifen erkennen. Denn jedes Streifenmuster ist einzigartig, wie ein Fingerabdruck.«

Josefine ist baff. Sie hat gar nicht gewusst, dass Zebras so spannend sind. »Woher weißt du das alles?«, fragt sie Constanze.

»Na ja, ich helfe nur nebenbei auf dem Ponyhof. Eigentlich studiere ich Zoologie und werde mal Tierforscherin«, antwortet Constanze.

Das muss toll sein, denkt Josefine. Das will ich auch.

Und als beim Grillfest später die ersten Mücken sie umschwirren, macht Josefine gleich ihr erstes Forscherexperiment: Mit Holzkohle malt sie sich Zebrastreifen auf Gesicht und Arme.

Und ob es nun wirklich an den Streifen oder etwas anderem liegt: Jedenfalls wird Josefine an diesem Abend nicht ein einziges Mal gestochen …

Wo geht der Astronaut aufs Klo?

Elias knipst die Weltraumlampe auf seinem Nachttischchen an. Nun sieht er all den Sternen zu, die durch sein Zimmer schweben. Über die Wände, die Zimmerdecke, seinen Schreibtisch, sein Regal mit all den Büchern und Spielen drin. Elias ist ein richtiger Weltraum-Fan. Deshalb möchte er später auch unbedingt Astronaut werden! Jedenfalls bis vor Kurzem. Doch seitdem sein Brüderchen geboren ist, ist er sich da nicht mehr so sicher. Seither beschäftigt ihn nur eine Frage: Wo geht der Astronaut aufs Klo? Macht er etwa in die Hose wie Noah, sein kleiner Bruder? Dann nämlich würde Elias doch lieber etwas anderes werden wollen.

»Und welche Gutenachtgeschichte möchtest du heute hören?«, fragt Mama, als sie sich zu Elias aufs Bett setzt.

»Eine aus meinem Weltraumgeschichtenbuch«, antwortet er sofort.

Während Mama vorliest, sieht Elias wieder den Sternen zu, wie sie durchs Zimmer schweben. Und es dauert gar nicht lange, da ist er auch schon eingeschlafen.

In dieser Nacht hat Elias einen merkwürdigen Traum. Er trägt einen Weltraumanzug und fliegt in seinem Zimmer mit einer Rakete zwischen all den Sternen umher. Vorbei an seinen Spielsachen, seinem Bücherregal, seinem Schreibtisch und an seinem Bett. Hui, das macht Spaß! Elias fliegt eine Runde nach der anderen. Doch plötzlich muss er ganz dringend mal. Aber wie macht ein Astronaut Pipi? Aussteigen geht nicht. Und anhalten kann er ja auch nicht. Was soll er jetzt nur machen? Elias kreuzt die Beine und hält die Luft an, bis er einen ganz roten Kopf bekommt. Doch genau in dem Moment, als Elias mit seiner Rakete an seinem roten Feuerwehrauto mit der riesigen Wasserspritzpistole vorbeikommt, kann er es nicht mehr länger aufhalten und macht, *psssssssssssssss*, in seinen Weltraumanzug. Elias wird wach. Sein Raumanzug und seine Rakete sind verschwunden. Wie kann das sein? Da merkt Elias, dass er nur geträumt hat. Aber sein Bett ist ganz nass.

»Mama!«, ruft er. Doch nichts rührt sich. »Mama!«, ruft er noch einmal, etwas lauter. Wieder nichts.

Plötzlich fühlt sich Elias tatsächlich so, als ob er ganz weit weg im Weltraum wäre und niemand ihn hören könne. Er setzt sich auf und brüllt, so laut er kann: »MAMA!«

Sekunden später fliegt die Zimmertür auf, und Mama stürzt ins Zimmer. »Warum schreist du denn so?«, fragt sie.

»Ich hab ins Bett gemacht«, sagt Elias leise, und dann erzählt er von seinem Traum.

»Aber das ist doch nicht schlimm«, versucht Mama ihn zu trösten.

»Doch, es ist schlimm, wenn ich in einer Rakete sitze und es nirgendwo ein Klo gibt!«, sagt Elias aufgebracht. »Und dann bist du noch nicht mal gekommen, als ich dich gerufen habe«, fügt er hinzu und muss beinahe weinen.

»Das tut mir sehr leid«, sagt Mama mit sanfter Stimme. »Aber ich habe dich wirklich nicht gehört.« Sie setzt sich zu Elias ans Bett und streicht ihm über das Haar.

»Darf ich zu dir ins Bett?«, fragt Elias leise.

Mama nickt und sagt: »Aber zuerst ziehen wir dir eine trockene Schlafanzughose an.«

Wenig später kuschelt sich Elias ganz fest an Mama. Papa schnarcht leise, und sein kleiner Bruder Noah schlummert in der Wiege, gleich neben Mamas Bett. Elias fühlt sich wieder richtig wohl.

Am nächsten Morgen fällt Elias gleich wieder seine Frage ein. Auch Mama ist schon wach.

»Mama, wo geht der Astronaut eigentlich aufs Klo?«, fragt er.

»Darüber habe ich mir noch nie Gedanken gemacht«, sagt Mama.

»Ich auch nicht«, sagt Papa, der gerade aufgewacht ist. »Vielleicht haben die so eine Art Pampers an – genau wie Noah.« Er lacht und nimmt das Baby auf den Arm.

»Heute kommt uns doch Onkel Jörg besuchen«, sagt Mama. »Der weiß das vielleicht. Der weiß ja auch sonst immer alles, was mit dem Weltraum zu tun hat.«

»Oh ja!«, ruft Elias. Er freut sich. Onkel Jörg ist nämlich auch ein Weltraumfan und sein absoluter Lieblingsonkel. Zu Elias' letztem Geburtstag, als er fünf geworden ist, hat er ihm eine Weltraumrakete geschenkt. Außerdem kann Onkel Jörg ganz tolle Weltraumgeschichten erzählen!

Ein paar Stunden später klingelt es, und Elias läuft gleich zur Tür. Da kommt Onkel Jörg mit zwei Geschenken unterm Arm und einem großen Blumenstrauß in der Hand die Treppe hoch.

Was das wohl für Geschenke sind? Elias ist ganz gespannt. Aber Onkel Jörg sagt bloß: »Hallo, Elias! Na, wo ist denn dein kleines Brüderchen?«, und geht an Elias vorbei in die Wohnung.

Manno! Alles dreht sich nur noch um Noah! Dabei ist Onkel Jörg doch mein Lieblingsonkel!, denkt Elias enttäuscht.

Nachdem Onkel Jörg Mama und Papa zu Noahs Geburt gratuliert hat, überreicht er die Geschenke. Der große Blumenstrauß ist für Mama. Das kleine Geschenk für Noah, und das etwas größere ist für Elias. Nun ist Elias aber gespannt! Sofort reißt er das bunte Geschenkpapier ab.

»Super!«, sagt er und freut sich. »Ein Shuttle und ein Weltraumbuch!« Er springt auf und umarmt seinen Onkel. Onkel Jörg ist eben doch der Beste!, denkt Elias und ist kein bisschen mehr enttäuscht.

»Ja, sogar zum Ausklappen«, sagt dieser stolz. »In dem Buch kannst du genau sehen, wie eine Weltraumrakete von innen aussieht«, erklärt er. Elias setzt sich auf Onkel Jörgs Schoß, und gemeinsam schauen sie in das Buch.

»Ist da auch ein Klo drin?«, fragt Elias.

Onkel Jörg guckt erstaunt. »Ein Klo? Ja, natürlich!«, antwortet er. Er blättert kurz und zeigt dann mit dem Finger auf ein merkwürdig aussehendes Ding. »Natürlich sieht ein Weltraumklo anders aus als unser Klo«, sagt er.

Das interessiert jetzt auch Papa. »Und wie funktioniert das? Im Weltraum gibt es doch keine Schwerkraft«, sagt er und sieht mit ins Buch.

»Nach dem Staubsaugerprinzip«, sagt Onkel Jörg. »Was auf der Erde so einfach ist, ist im Weltraum wegen der Schwerelosigkeit schon schwieriger. Damit der Astronaut nicht ständig vom Klo wegfliegt, muss er sich mit Bügeln auf dem Sitz festschnallen. Und damit nicht auch die menschlichen Hinterlassenschaften durch die Gegend fliegen, schaltet der Astronaut einen Luftsog am Boden der Toilette an, der alles abzieht und in einen Spezialbehälter befördert«, erklärt Onkel Jörg weiter.

»Was ist eine menschliche Hinterlassenschaft?«, fragt Elias prompt.

»Ein Aa-Häufchen oder Aa-Würstchen«, sagt Mama.

»Und was ist, wenn der Astronaut mal Pipi muss?«, fragt Elias.

»Das ist einfacher. Wer pinkeln muss, legt eine Art Trichter an, der in einem Schlauch mündet. Der saugt dann alles auf«, sagt Onkel Jörg.

»Und ich dachte schon, Astronauten würden in die Hose machen«, sagt Elias und strahlt. »Dann kann ich ja doch Astronaut werden!«

»Moment! Nicht so schnell, kleiner Mann!«, sagt Onkel Jörg. »Beim Start machen Astronauten schon in die Hose.«

»Wieso?«, fragt Elias erschrocken. »Weil sie Angst haben?«

Onkel Jörg lacht. »Nein, nicht aus Angst«, erklärt er. »Weil beim Start enorm schnell beschleunigt wird. Wegen der halb sitzenden und halb liegenden Stellung der Astronauten beim Starten werden alle Körperflüssigkeiten nach unten in die Blase gedrückt. Und damit sie nicht in die Hose machen, tragen sie beim Start tatsächlich Windeln.«

»So wie Noah?«, fragt Elias.

Onkel Jörg nickt. »Natürlich ein paar Nummern größer«, sagt er und lacht. »Und bei den Weltraumspaziergängen, die bis zu acht Stunden dauern können, tragen Astronauten auch Windeln.«

Elias rümpft die Nase und sagt: »Dann werde ich doch lieber Weltraumforscher! Die brauchen nämlich keine Windeln!«

Wie kommt der Regen in die Wolken?

Heute machen die Schüler der 4b einen Ausflug ans Meer. Die Sonne brennt heiß vom strahlend blauen Himmel herab, und nicht eine Wolke ist zu sehen. Nur ein paar Möwen kurven über den Schiffsmasten im Hafen, auf der Suche nach irgendwelchen Leckerbissen.

Plötzlich scheint eine Möwe etwas entdeckt zu haben. Wie ein Pfeil saust sie auf die Kaimauer hinab – direkt auf die Kinder zu, die sich gerade vor einem großen, alten Segelschiff versammeln.

Die Möwe hat es auf das Eis in Lisas Hand abgesehen, das sie gerade Max hinhält, damit er auch mal lecken kann.

»Ah!«, ruft Lisa in der nächsten Sekunde erschrocken.

»He!«, brüllt Max.

Ein Flügelschlag streift ihre Köpfe, freches Möwengekecker ertönt, und dann ist der Spuk auch schon vorbei.

Und Lisas Eis verschwunden.

Einen Moment lang sehen Max und Lisa mit offenem Mund zu, wie die Möwe mit Lisas Eis im Schnabel davonfliegt. Lisa steigen die Tränen in die Augen. Sie ist wütend. Richtig wütend.

»Die blöde Möwe hat mein Eis geklaut!«, ruft sie und zeigt auf den Vogel, der es sich auf der anderen Seite des Hafenbeckens mit der Beute gemütlich macht.

»Alte Schweine-Möwe!«, schimpft Max.

Jetzt haben auch die anderen Kinder bemerkt, was passiert ist. Lachend schieben sich alle nach vorn, um besser gucken zu können. Ehe ihre Lehrer Frau Lüttich und Herr Bichsel wissen, was los ist, sind die Ersten kurz davor, ins Hafenbecken zu plumpsen.

»RUHE!«, ertönt da plötzlich eine tiefe Donnerstimme.

Schlagartig ist es still. Alle schauen hinüber zum großen Segelschiff, vor dem sie gewartet haben.

Dort ist ein Mann am Geländer aufgetaucht. Sein rotes, rundes Vollbartgesicht erinnert Max ein bisschen an seinen Opa. Nur dass der nie so grimmig guckt. Der Mann trägt ein weißes, kurzärmliges Hemd mit zwei Aufnähern an den Schultern, auf denen vier goldene Streifen zu sehen sind.

Das muss unser Kapitän sein!, denkt Max. Der, mit dem sie heute den Segelausflug auf die Ostsee machen.

»Ihr seid also die 4b?«, ruft der Mann mit dröhnender Stimme. Abgesehen von vereinzeltem Nicken traut sich niemand so recht zu antworten.

»Dann hört mal gut zu«, fährt der Mann fort. »Ich bin Kapitän Schmidt. Wenn gleich auch nur einer an Bord solch einen Rabatz macht, legen wir gar nicht erst ab, verstanden?«

Allgemeines Nicken.

»Und ihr hört auf das, was meine Mannschaft und ich euch sagen.«

Wieder Nicken.

»Und kein Rabatz mehr!«

Eifriges Nicken.

Und da lächelt Kapitän Schmidt sogar.

»In Ordnung«, sagt er. »Dann mal an Bord, ihr Landratten. Aber einer nach dem anderen.«

An Bord müssen alle als Erstes Rettungswesten anlegen, was mit den Schlaufen und Gurten gar nicht so leicht ist. Aber zum Glück helfen Kapitän Schmidt und seine Mannschaft dabei.

Dann ist es so weit. Die Leinen werden losgemacht, das erste Segel gesetzt, und schon gleitet die *Ali Baba*, wie ihr Schiff heißt, auf die Ostsee hinaus.

Für die Klasse beginnt ein aufregender Tag. Sie lernen verzwickte Seemannsknoten, helfen der Mannschaft beim Segelsetzen und dürfen sogar abwechselnd ans Steuerruder.

Irgendwann ist auch Max an der Reihe. Das ist richtig toll! Doch auf einmal greift Kapitän Schmidt zum Fernglas. »Was ist denn das da backbord?«, murmelt er.

Backbord?, grübelt Max. Was hatte der Kapitän vorhin gesagt? War das nicht links?

Tatsächlich: Mit dem Fernglas guckt Kapitän Schmidt nach links auf das Meer hinaus. Dort, wo auf einmal dunkle Wolken aufgetaucht sind.

»Eine Gewitterfront zieht auf«, sagt der Kapitän besorgt und übernimmt wieder das Ruder. »Besser, wir kehren um!«

Mit voller Fahrt geht es zurück. Doch die Wolken kommen immer näher und werden immer größer. Kaum haben alle im Ruderhaus Schutz gesucht, ertönt ein dumpfes Donnergrollen. Gleich darauf fegen heftige Windstöße über die *Ali Baba* hinweg, und dann passiert etwas Unheimliches.

Ein wirbelnder Wolkenrüssel senkt sich aus der dunklen Gewitterfront hinab. Länger und länger wird er, bis er die Wasseroberfläche berührt. Wie ein wilder Feuerwehrschlauch tanzt er zwischen Wolken und Wasser hin und her und saugt riesige Mengen Meerwasser in den Himmel.

Sprachlos starren alle auf das Schlauchmonster, bis es sich wie von Geisterhand wieder auflöst.

»Ach, du dickes Ei!«, bricht Kapitän Schmidt das Schweigen. »Das war 'ne Wasserhose!« Sogar er scheint überrascht zu sein.

»Eine Wasserhose?«, fragt Lisa. »Was ist das denn?«

»Das ist ein Wirbelsturm auf dem Wasser«, erklärt Kapitän Schmidt, während die Hafeneinfahrt in Sicht kommt. »Wasserhosen kommen meist nur in den Tropen vor. Bei uns sind sie viel seltener. Es kann übel ausgehen, wenn man auf eine trifft. Gut, dass wir umgekehrt sind.«

Als es gleich darauf wie aus Eimern zu schütten anfängt, kommt Max ein Verdacht.

»Das ist doch bestimmt das Wasser, das die Wasserhose eben hochgesaugt hat, oder?«, fragt er den Kapitän. Das finden auch die anderen einleuchtend.

»Na klar, so kommt der Regen in die Wolken!«, ruft Lisa.

»Tja, das könnte man glatt meinen. Aber in Wirklichkeit sorgt die Sonne dafür, dass der Regen in die Wolken kommt«, antwortet Kapitän Schmidt mit einem Augenzwinkern.

Stirnrunzelnd gucken ihn alle an. Alle bis auf Frau Lüttich und Herrn Bichsel. Die schmunzeln nur und nicken, damit er weitererzählt.

»Ja, die Sonne lässt das Wasser unten auf der Erde zu Wasserdampf verdunsten«, fährt der Kapitän daraufhin fort. »Der steigt dann mit der warmen Luft in kältere Luftschichten hoch. Dort kühlt die warme Luft ab. Dabei wird der Wasserdampf wieder zu kleinen Wassertröpfchen. Die heften sich an winzige Staubteilchen in der Luft und bilden so allmählich Wolken.«

»Wolken bestehen aus Wassertropfen? Nie im Leben!«, platzt es aus Max heraus. Das kann er nun gar nicht glauben.

Wasserkreislauf

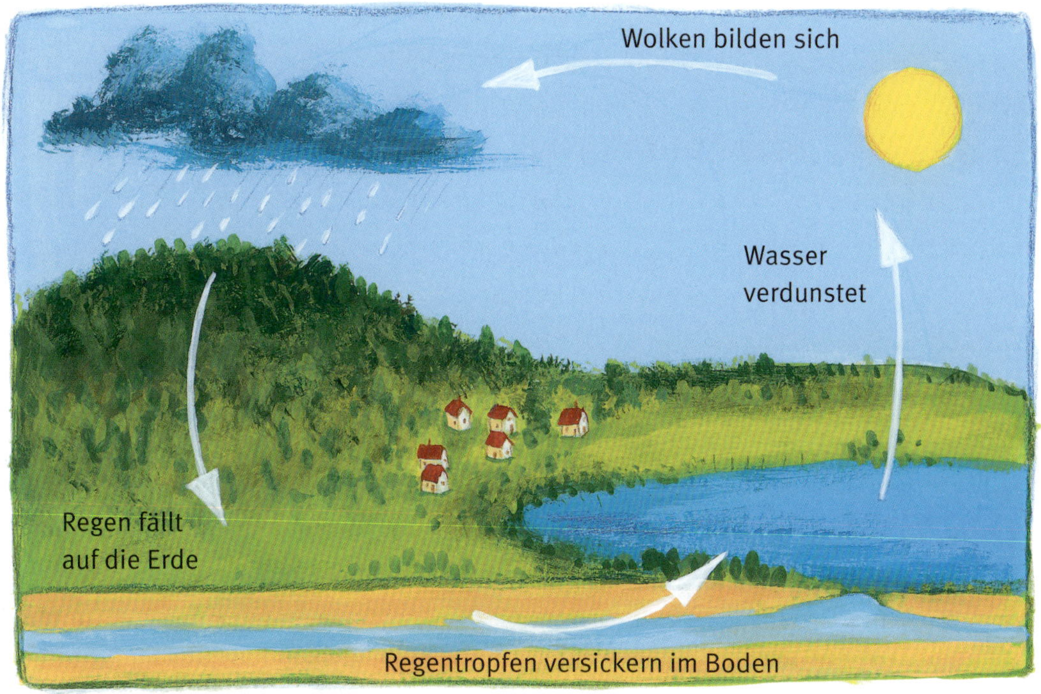

»Doch, genau so ist es. Aber die sind so winzig und leicht, dass sie in der Luft schweben«, sagt Kapitän Schmidt. »Wenn aber immer mehr Wasserdampf nachkommt und sich wieder zu richtigen Wassertröpfchen verwandelt, wird die Wolke immer riesiger und dunkler und die Tröpfchen dabei immer größer. Irgendwann sind sie dann so groß und schwer, dass sie zur Erde plumpsen. Dann regnet es.«

Mit diesen Worten steuert Kapitän Schmidt die *Ali Baba* durch die Hafeneinfahrt. Müde, aber auch aufgeregt kehren alle zum Bus zurück. Sie können es kaum erwarten, zu Hause von fiesen Raubmöwen und wilden Wasserhosen zu berichten – und davon, dass ausgerechnet die Sonne den Regen in die Wolken bringt.

Warum müssen wir schlafen?

Ungeduldig wischt Paula über die beschlagene Fensterscheibe, damit sie besser nach draußen gucken kann. Dort wird es jetzt langsam dunkel. Fast alle sind schon weg, und auf dem Parkplatz der Musikschule steht nur noch ein Auto. Das gehört ihrer Lehrerin Gesine, die zusammen mit Paula sehnsüchtig auf Papa wartet.

Ob er mich vergessen hat?, denkt Paula plötzlich erschrocken. Weil Patrizia heute doch zu Besuch kommt? Patrizia ist nämlich Papas neue Freundin. Genau genommen nur *eine* neue Freundin, wie Papa ihr erklärt hat. Etwa so ähnlich, wie Julian oder Oleg aus ihrer Klasse Paulas Freunde sind. Aber so häufig, wie Papa in den letzten Wochen von Patrizia redet, kommt ihr die Sache allmählich komisch vor.

Da taucht endlich Papas Auto in der Parkplatzeinfahrt auf. Rasch schnappt sich Paula ihre Sachen, ruft »Tschüs, Gesine« und stürmt nach draußen.

Papa kommt ihr schon entgegengelaufen. »Tut mir leid, Paula«, sagt er ganz außer Atem. »Ich musste noch für unser Lasagne-Essen mit Patrizia einkaufen. Und dann ist der Wagen erst nicht angesprungen.« Papa sieht auf einmal so erledigt aus, dass er Paula richtig leidtut. »Heute geht auch alles schief«, sagt er.

Aber zum Glück nicht alles. Denn Papas Auto schafft es ohne Panne bis nach Hause, und wie durch ein Wunder finden sie sogar einen Parkplatz vor der Haustür.

»Hm«, brummt Papa und schaut auf seine Uhr, als sie im Fahrstuhl zu ihrer Wohnung hochfahren. »Ich bin völlig alle. Patrizia kommt erst in zwei Stunden. Da bleibt noch Zeit für meinen Schönheitsschlaf. Danach können wir beide ja zusammen kochen, okay?«

Paula weiß nicht so recht, was Papa mit Schönheitsschlaf meint. Heißt das etwa, dass man vom Schlafen schöner wird? Und wenn ja, warum will Papa überhaupt schöner werden?

Als Papa dann in seinem Zimmer verschwunden ist, kommt Paula auf einmal ein Verdacht: Ob Papa vielleicht wegen Patrizia schöner werden will? Darüber muss sie erst einmal in ihrem Zimmer bei ihrem Lieblingshörspiel nachdenken. Doch als das zu Ende ist, ist sie auch nicht schlauer.

Dafür aber hat sie eine prima Idee: Sie könnte die Lasagne doch alleine machen, damit Papa länger schlafen und sich ausruhen kann.

Ohne lange zu überlegen, macht sich Paula mit Feuereifer ans Werk. Lasagne machen ist babyeierleicht. Schon tausend Mal hat sie Papa dabei zugeguckt. Als Erstes schüttet Paula den Inhalt der Einkaufstasche auf den Küchentisch: fertig zermatschte Tomaten aus der Packung, eine

Tube Tomatenmark, eine Tüte Gewürzfixzeugs, Hack und Nudelplatten. Super, alles da!

Bis auf die Nudelplatten gibt Paula alle Zutaten in einen großen Kochtopf. Schon zehn Minuten später blubbert das Ganze fröhlich auf dem Herd vor sich hin. Zufrieden steht Paula auf einem Küchenstuhl und rührt mit einem Kochlöffel in der Hacksoße rum.

Doch da fällt ihr plötzlich etwas ein. Mist, sie hat diese weiße Soße ganz vergessen. Die gehört ja auch dazu. Paula denkt fieberhaft nach, wie Papa die Soße gemacht hat. Richtig: Mehl, Butter, Milch.

In null Komma nix hat Paula alles in einen Topf geschüttet, auf den Herd gestellt und das Kochfeld darunter voll aufgedreht. Da klingelt es an der Tür.

Rasch flitzt sie in den Flur zur Gegensprechanlage.

»Ja-ha?«, flüstert sie leise in den Hörer, für den Fall, dass Papa vom Klingeln nicht wach geworden ist.

»Äh, bist du das, Paula?«, hört sie Patrizia. »Ich versteh dich kaum. Machst du auf?«

Paula drückt den Türöffner und wartet an der Wohnungstür.

»Pst! Leise!«, begrüßt sie Patrizia und lässt sie in die Wohnung.

»Was ist denn los?«, fragt Patrizia und blickt sich irritiert im Flur um.

Paula macht ihr ein Zeichen, ihr in die Küche zu folgen. »Papa schläft noch«, erklärt sie, immer noch flüsternd, und macht die Küchentür auf. »Aber ich hab schon mal Lasagne gemacht.«

Vor Schreck bleibt ihr die Spucke weg.

In der Küche sieht es aus, als wäre ein Vulkan ausgebrochen. Zwei Vulkane, genauer gesagt. Aus dem großen Topf schießen dicke rote Spritzer, und aus dem kleinen Topf mit der weißen Soße steigt dichter Qualm auf.

»Oh Gott!« Patrizia flitzt an Paula vorbei, zieht die beiden Töpfe von den glühenden Kochfeldern, schaltet den Herd aus und reißt das Küchenfenster auf.

Dann dreht sie sich zu Paula um. »Was hast du denn da gemacht?«, fragt sie.

»Lasagne!«, sagt Paula erst nur. Dann erzählt sie, dass sie Papa mit dem Kochen helfen wollte. »Weil er doch so müde war«, sagt sie schließlich. »Und unbedingt noch einen Schönheitsschlaf machen wollte, bevor du kommst.«

Da muss Patrizia lächeln und wird sogar ein bisschen rot im Gesicht. Das kommt Paula etwas komisch vor.

»Stimmt das denn nicht?«, fragt sie. »Dass man vom Schlafen schöner wird?«

»Na ja«, antwortet Patrizia. »Da ist schon etwas Wahres dran. Schlaf ist wichtig zur Erholung. Man vermutet, dass der Körper sich nachts repariert.«

»Repariert?«, fragt Paula völlig baff. »So wie bei einem Auto?«

»So ähnlich jedenfalls«, sagt Patrizia schmunzelnd. »Der Körper entsorgt Abfallstoffe, die sich im Lauf des Tages in seinem Inneren angesammelt haben, und er repariert oder erneuert kaputte Zellen. Daher ist Schlaf auch für die Heilung von Wunden wichtig. Und nicht zu vergessen für unsere Abwehrkräfte, die uns vor Krankheiten schützen. Wer genug schläft, wird seltener krank und sieht auch besser aus. Aber ehrlich gesagt weiß keiner ganz genau, wieso wir für diese Reparaturarbeiten überhaupt schlafen müssen. Auch ich nicht.«

»Echt?«, fragt Paula und ist beeindruckt, dass Patrizia das so einfach zugibt.

»Echt«, sagt Patrizia und nickt eifrig, bevor sie weitererzählt. »Manche Wissenschaftler meinen nämlich, dass Schlafen in allererster Linie wichtig für das Gehirn ist. So soll alles, war wir tagsüber erleben und lernen, erst im Schlaf ins Langzeitgedächtnis transportiert werden. Alle unsere Erinnerungen werden demnach erst durch das Schlafen langfristig aufbewahrt. Übrigens hat man auch tatsächlich festgestellt, dass Menschen, die zu wenig schlafen, ein viel schlechteres Gedächtnis haben. Aber die allerverrückteste Erklärung hab ich neulich mal gelesen, weißt du?«

Gespannt guckt Paula sie an.

»Schlaf soll so was wie eine Überlebensstrategie sein«, fährt Patrizia fort. »Einfach gesagt: Wer schläft, macht keinen Quatsch oder gefährliche Fehler.«

Das erinnert Paula daran, wie es in der Küche aussieht. Vielleicht hätte besser sie den Schönheitsschlaf machen sollen, denkt sie und guckt traurig auf das Herdchaos.

»Weißt du was?«, sagt Patrizia da plötzlich. »Wir beide räumen jetzt zusammen auf, und dann gucken wir, was sich aus deiner Lasagne noch machen lässt.«

So wird es gemacht. Und als Papa dann endlich wach ist und in die Küche kommt, erwarten ihn Paula und Patrizia mit der geretteten Lasagne am Küchentisch.

»Mensch, Patrizia«, sagt Papa. »Du hast ja schon alles fertig.«

»Nicht ich, das war Paula. Ich hab nur ein bisschen geholfen«, sagt Patrizia. Dann steht sie auf, um Papa mit einem Kuss zu begrüßen. Paula wundert sich. Nicht unbedingt wegen der Küsserei, sondern vor allem, weil ihr das bei Patrizia und Papa auf einmal fast gar nichts mehr ausmacht …

Kann man mit den Fingern lesen?

»Eine Reise ans Meer«, liest Philipp vor. Dann macht er eine kleine Pause, denn das war die Überschrift. »Bald sind Ferien. Dann ist keine Schule mehr«, liest er weiter.

»Genau!«, ruft Jasper in die Klasse.

»Auch wenn gleich die Ferien beginnen, lassen wir Philipp jetzt weiterlesen«, sagt Frau Becker bestimmt und nickt Philipp auffordernd zu.

Philipp liest weiter: »Familie Keller hat schon den Urlaub geplant. Eine Reise nach I-I-talien.« Bei *Italien* kommt er ein wenig ins Stottern. Das ist aber nicht schlimm. Schließlich geht Philipp noch in die erste Klasse. Und heute ist der letzte Schultag vor den großen Ferien.

»Das hast du sehr schön flüssig gelesen«, lobt ihn Frau Becker. »Man merkt, dass du viel und gerne liest.«

»Ich kann sogar Blindenschrift lesen«, sagt Philipp stolz.

Das findet Frau Becker interessant. »Wer hat dir das denn beigebracht?«, fragt sie.

»Konstantin«, antwortet Philipp. »Das ist mein Cousin. Der ist nämlich blind. Und Konstantin ist zwölf und richtig schlau. Er kann alles: lesen, im Internet surfen und mit seinen Freunden chatten.«

Merle kichert. »Und wie macht er das, wenn er doch gar nicht sehen kann?«, fragt sie. Auch die anderen Kinder sind jetzt gespannt.

»Konstantin liest mit den Fingern«, antwortet Philipp.

»Haha«, ruft Jasper und lacht. »Mit den Fingern kann man doch nicht lesen!«

Frau Becker schaut Jasper streng an und wendet sich dann der Klasse zu. »Doch, das geht«, beginnt sie zu erklären. »Für blinde Menschen gibt es eine ganz besondere Schrift. Die liest man nicht mit den Augen ab, sondern ertastet die einzelnen Buchstaben mit den Fingerspitzen. Das ist die sogenannte Blindenschrift oder Brailleschrift.«

»Genau«, sagt Philipp. »Sie besteht aus lauter kleinen Pünktchen, die man mit dem Finger erfühlen kann.«

»Und wie soll das gehen?«, fragt Merle ungläubig.

»Ganz einfach«, sagt Frau Becker. »Die Schrift besteht aus Punktmustern, die von hinten in das Papier gepresst werden. Von vorne sind sie dann mit den Fingerspitzen als Erhöhungen zu ertasten.«

Frau Becker geht zur Tafel und erklärt: »Insgesamt gibt es sechs Punkte, drei in der Höhe und zwei Punkte in der Breite. Daraus ergeben sich 64 Kombinationsmöglichkeiten für Buchstaben und Zeichensetzung.« Während Frau Becker spricht, malt sie sechs kleine Kreise an die Tafel.

Das ist ganz schön kompliziert.

»He, das verstehe ich nicht«, sagt Jasper.

»Ich glaube, mit einem Beispiel wird es leichter«, sagt Frau Becker. »Philipp, möchtest du uns die einzelnen Buchstaben an der Tafel zeigen?«

»Ich kann aber nur die ersten drei Buchstaben«, sagt Philipp verlegen. »A, B und C. Ich habe ja gerade erst angefangen.«

»Das ist doch prima!«, sagt Frau Becker freudig. »Ich kann nämlich keinen einzigen. Ich müsste das erst mal nachlesen. Und um zu zeigen, wie es funktioniert, reichen drei Buchstaben völlig.«

Philipp geht nach vorne an die Tafel und malt mit der Kreide den obersten linken Punkt aus.

»Das ist ein A oder eine 1.«

Dann malt er noch sechs kleine Kreise an die Tafel, malt die beiden oberen linken Kreise aus und sagt: »Das ist ein B oder eine 2. Und wenn die beiden oberen Kreise ausgemalt sind, ist das ein C oder eine 3.«

»Das ist ja pipieinfach!«, ruft Jasper. »Das kann ich auch!«

»Mit nur drei Buchstaben sieht das vielleicht ganz leicht aus«, sagt Frau Becker. »Aber wenn man bedenkt, dass unser Alphabet 26 Buchstaben hat, mit Umlauten und ß sogar 30 Buchstaben, ist das schon jede Menge. Da braucht man schon viel Übung, um sich alles merken zu können. Hinzu kommen ja auch noch die Zahlen und die Satzzeichen, wie zum Beispiel Punkt, Komma, Strich.«

»Und die Gänsefüßchen«, ruft Ina, die neben Philipp sitzt.

»Und die Fragezeichen«, fügt Philipp noch hinzu.

»Richtig«, sagt Frau Becker. »Da habt ihr gut aufgepasst! Es gibt noch ein paar mehr, aber die brauchen wir jetzt nicht alle aufzuzählen. Viel lieber würde ich euch etwas über Louis Braille erzählen.«

»Wer war das denn?«, fragt Jasper.

Frau Becker lächelt geheimnisvoll. »Er war sozusagen der Erfinder der Blindenschrift«, antwortet sie.

»Ach, wieder so ein Erfinder«, sagt Jasper gelangweilt und stellt sich einen alten Mann mit dicker Brille und wirrem Haar vor.

»Ja, aber das Besondere ist, dass Louis Braille noch ein Kind war, ein Junge, als er die Blindenschrift entwickelte«, sagt Frau Becker.

Jetzt sind alle gespannt. Ein Junge als Erfinder? Und plötzlich ist es mucksmäuschenstill in der Klasse. Da beginnt Frau Becker zu erzählen: »Der kleine Louis wurde 1809 in der Nähe von Paris geboren. Das ist lange her, vor etwas mehr als 200 Jahren. Er spielte immer in der Schusterwerkstatt seines Vaters. Das war damals nicht außergewöhnlich. Zu dieser Zeit gab es kaum Spielzeug für Kinder. Und für arme Kinder, wie die des Schusters Braille, erst recht nicht. Da mussten sich die Kinder schon selbst etwas einfallen lassen. An diesem Tag spielte der dreijährige Louis mit einem spitzen Werkzeug des Vaters. Dabei verletzte er sich am Auge. Und weil es damals auch nicht so gute Medizin wie heute gab, entzündete sich das Auge und steckte auch noch das gesunde Auge an. Mit fünf Jahren war der kleine Louis dann vollkommen blind.«

»Der Arme«, sagt Ina mitfühlend.

»Ja, das kann man wohl sagen«, erwidert Frau Becker. »Aber Louis war ein sehr aufgewecktes Kind und wollte sich mit seiner Blindheit nicht abfinden. Denn er war klug und wollte lernen. So viel wie möglich. Aber Louis musste alles, was ihm seine Lehrer in der Blindenschule an Wissen vermittelten, im Kopf behalten. Das war sehr, sehr anstrengend. Deshalb begann Louis schon früh über eine Blindenschrift nachzudenken. In der Werkstatt seines Vaters verbrachte er seine Sommerferien damit, eine Blindenschrift aus Lederstückchen herzustellen. Aber all seine Versuche brachten nicht den gewünschten Erfolg. Das änderte sich, als er mit elf Jahren die sogenannte »Nachtschrift« des Militärs kennenlernte. Sie sollte dazu dienen, dass Soldaten Nachrichten auch im Dunkeln lesen können. Louis vereinfachte diese Schrift, die aus einem komplizierten System von Punkten und Silben bestand. Er ersetzte die Silben durch Buchstaben und verringerte die Anzahl der Punkte von zwölf auf sechs pro Zeichen. 1825 hatte Louis seine Blindenschrift fertiggestellt, die nach ihm benannte Brailleschrift. Da war er erst sechzehn Jahre alt! Und heute wird seine Blindenschrift in vielen Teilen der Welt benutzt, um blinden Menschen den Zugang zu Kultur und Bildung zu ermöglichen. Auch im Alltag spielt sie eine große Rolle und ist zum Beispiel auf Arzneiverpackungen zu finden.«

»Dann werde ich auch Erfinder!«, ruft Jasper entschlossen.

»Ja, natürlich, auch Kinder können allerlei Dinge erfinden«, sagt Frau Becker. »Damit kann man gar nicht früh genug anfangen.«

In diesem Moment klingelt es. »Na, da habt ihr ja jetzt ganz viel Zeit, darüber nachzudenken, was man in unserer Welt so alles verbessern könnte«, sagt Frau Becker lächelnd und wünscht allen schöne Sommerferien.

Warum gibt es Berge?

Nachdenklich guckt Konrad auf seinen offenen Rucksack. Der steht auf seinem Bett und ist so prall gefüllt, dass er fast wie ein Fußball aussieht.

Taucherbrille, Kuschelkissen, MP3-Player – eigentlich ist alles schon drin.

Nur einer fehlt noch: Fridolin. Der sitzt neben dem Rucksack und guckt erwartungsvoll zu Konrad hoch.

Mist, denkt Konrad. Wie soll er Frido da noch reinkriegen? Für einen Teddybären ist er zwar nicht sehr groß, aber der Rucksack platzt ja jetzt schon aus allen Nähten.

Plötzlich geht die Tür zu seinem Zimmer auf. Konrad dreht sich um. Vor ihm stehen Papa und Mama. Und so, wie Mama die Stirn runzelt, weiß Konrad genau, dass es ein Problem gibt. Und richtig.

»Wir haben ein Problem«, sagt Papa. »Unser Flug nach Italien fällt aus. Die Fluglotsen streiken.«

Bevor Konrad etwas sagen kann, redet Mama auch schon weiter.

»Papa meint, wir sollen trotzdem fahren. Mit dem Auto! Den ganzen Weg! Zwei Tage! Ich krieg die Krise.«

Das mit der Krise sagt Mama immer, wenn ihr etwas ganz und gar nicht passt.

So zum Beispiel, als Konrad einmal ein Glas mit Erde und Ameisen auf die Küchenfensterbank gestellt hat. Natürlich zu Forschungszwecken. Nur hatte er leider dann vergessen, den Deckel draufzuschrauben, woraufhin sich einige Ameisen auf Erkundungstour zum Vorratsschrank gemacht haben.

Diesmal allerdings kann Konrad Mamas Aufregung verstehen. Zwei Tage im Auto! Dabei kommen ihm die zwei Stunden zu Oma und Opa ja immer schon wie Jahre vor.

Aber so schnell gibt Papa nicht auf.

»Hört mal, das wird super«, sagt er. »Ein richtiges Abenteuer, wie eine Expedition. Einfach losfliegen und am Ziel aussteigen ist doch langweilig. Ein fremdes Land muss man sich erfahren!«

Was Papa mit *sich erfahren* meint, weiß Konrad nicht genau. Aber das mit dem Abenteuer und der Expedition klingt gar nicht übel.

»Du, Papa?«, fragt Konrad. »Im Auto kriegen wir doch viel mehr Sachen mit, oder?«

Papa lacht. »Klar«, sagt er. »Was ihr wollt.«

Damit ist Konrad endgültig überzeugt. Nun kann er Frido einfach in einer Extratasche mitnehmen, und auch Mama scheint sich darüber zu freuen, dass sie mehr einpacken kann.

Früh am nächsten Morgen geht es los. Mit MP3-Monsterhörspielen und Bonbon-Langsamwettlutschen vergeht die Zeit wie im Flug.

Am Nachmittag tauchen schließlich Berge am Horizont auf.

»Das sind die Alpen«, erklärt Papa. »Dahinter liegt Italien.«

Staunend beobachtet Konrad, wie sich die Berge immer höher auftürmen. Die allerhöchsten Berge sind sogar mit einer weißen Schicht bedeckt.

Konrad überlegt, ob man die wohl extra mit weißer Farbe angestrichen hat. Vielleicht als Warnung, damit keine Flugzeuge dagegenkrachen. Aber da zeigt Mama auf eine Bergspitze und sagt: »Guck mal, Konrad. Da oben liegt sogar im Sommer Schnee. So kalt ist es da.«

Schnee im Sommer? Das findet Konrad fast noch verrückter als seine Idee mit der Farbe. Da fährt Papa auf einmal von der Autobahn ab.

»He, was machst du?«, fragt Mama.

Papa grinst. »Kleine Überraschung«, antwortet er. »Ich dachte, wir fahren lieber über die Landstraße. Das ist viel spannender als diese öde Autobahn.«

Damit hat Papa nicht übertrieben. Durch immer engere und steilere Kurven quält sich ihr Auto mit jaulendem Motor die Berge hoch, und manchmal kommen sie so dicht an den Straßenrand, dass sie in abgrundtiefe Schluchten blicken.

Und dann wird es leider sogar noch spannender. »Oh, oh«, sagt Papa plötzlich und guckt stirnrunzelnd aufs Armaturenbrett.

»Stimmt etwas nicht?«, fragt Mama besorgt.

»Äh, die Anzeige für die Motortemperatur ist voll im roten Bereich«, antwortet er mit seiner typischen, komischerweise jetzt aber etwas zittrig klingenden Ich-hab-alles-unter-Kontrolle-Stimme. »Ist bestimmt nichts Wildes. Aber trotzdem halten wir besser mal an und sehen nach.«

Zum Glück erreichen die drei gleich darauf einen kleinen Rastplatz. Als sie aussteigen, sehen sie, dass sich unter dem Auto eine Pfütze bildet.

»Verdammt«, schimpft Papa, während er schon zum Handy greift. »Der Motorkühler hat ein Leck. Ich ruf den Pannendienst.«

Doch leider kann der Mann vom Pannendienst, der eine halbe Stunde später eintrifft, nichts machen. »Der Kühler ist total im Eimer«, erklärt er achselzuckend. »Ich muss den Wagen zur nächsten Werkstatt schleppen.«

Dort angekommen, erfahren sie, dass das Auto erst am übernächsten Tag repariert werden kann, da ein neuer Kühler bestellt werden muss.

»Na toll«, sagt Mama. »Das heißt, wir hängen hier erst einmal fest.«

Papa nickt. Zum Glück kann ihnen der Mann von der Werkstatt ein kleines Hotel empfehlen, das ganz in der Nähe ist.

Als sie schließlich dort auf ihrem Zimmer sind, lässt Mama sich erst mal der Länge nach auf das breite Doppelbett plumpsen.

»Bin ich fertig!«, sagt sie. »Warum mussten wir bloß die steile Bergstraße rauf?«

Auch Konrad ist ziemlich erledigt. Er hatte sich schon so auf Italien und den Strand gefreut. »Warum gibt es überhaupt so blöde Berge?«, fragt er. »Und warum müssen die ausgerechnet Italien im Weg stehen?«

Da können Mama und Papa auf einmal wieder lächeln.

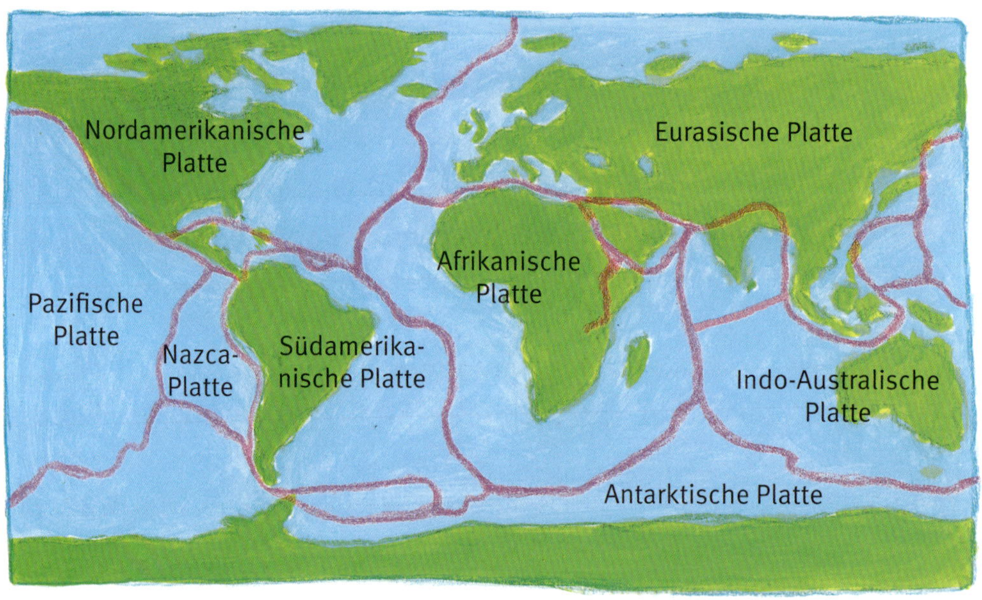

Kontinentalplatten (vereinfachte Darstellung)

»Tja, im Grunde weil Afrika gegen Europa kracht«, antwortet Papa nach kurzem Überlegen.

Konrad ist verblüfft. Afrika, Europa und die anderen Kontinente kennt er aus der Schule. Aber was haben die mit Bergen zu tun?

»Die Erdkruste, auf der wir leben, ist nämlich gar nicht so fest, wie wir meinen«, erklärt Papa weiter. »Sie treibt auf einem Meer aus heißem geschmolzenem Gestein. Und sie ist von tiefen Rissen durchzogen, die die Erdkruste in einzelne Platten zerteilen. Einer von diesen Rissen liegt zwischen Afrika und Europa. Und dort treibt die afrikanische Platte mit voller Wucht gegen die europäische. Pass mal auf!«

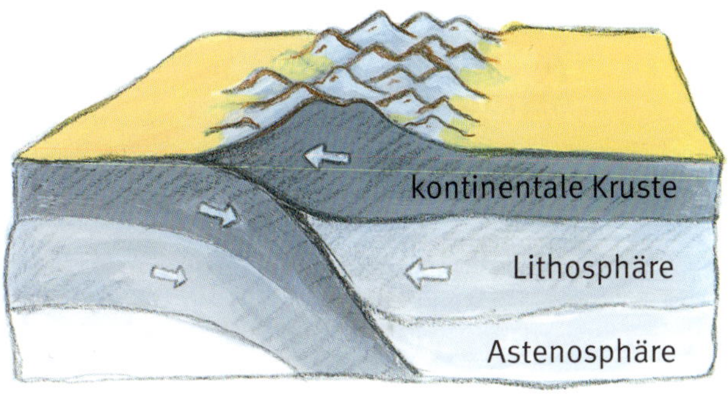

Papa bittet Mama, sich auf den Bauch zu drehen. »Du bist Europa«, sagt er dann und geht vor dem Bett auf die Knie. »Und ich bin Afrika.« Langsam krabbelt er auf Mama Europa zu, die den Kopf auf die Bettkante gelegt hat. »So, jetzt stoßen die Gesteinsplatten von Afrika und Europa gegeneinander. Das nennt man die Knautschzone«, erklärt er, als sein Mund nur noch Millimeter von Mamas entfernt ist. Dann treffen sie aufeinander.

»Knautsch! Knutsch! Schieb! Hochdrück! Türm!«, hört Konrad Papa zwischendurch sagen, während er Mama küsst und noch weiter ranrückt, bis sich ihre Köpfe und Oberkörper immer mehr heben. »Okay, die Gesteinsplatten können sich also nicht wegschieben, weichen nach oben aus und drücken sich zu einem Gebirge hoch. In echt dauert so was viele Millionen Jahre«, erzählt Papa nuschelnd, weil er zwischendurch immer wieder Europa küssen muss. »Bei den Anden in Südamerika ist es etwas anders. Dort schiebt sich eine Meeresbodenplatte unter die südamerikanische Landplatte, hebt sie an und faltet dabei das Gestein zu einem Gebirge auf – ähnlich, als würde man einen Teppich zusammenschieben. Dabei wird häufig das heiße, flüssige Gestein aus dem Erdinneren nach oben befördert, wodurch es zu Vulkanausbrüchen kommt. Auch das können wir mal demonstrieren. Ich bin Südamerika, und Europa, äh, Mama ist jetzt die Meeresbodenplatte. Dazu müssten wir …«

BAFF! In diesem Moment hat Papa von der immer noch kichernden Europa ein Kissen an den Kopf bekommen. Wie es aussieht, hat sie keine Lust auf Vulkanausbrüche oder eine Meeresbodenplatte zu werden.

Stattdessen nimmt nun eine wilde Kissenschlacht zwischen Europa und Afrika – beziehungsweise Papa und Konrad – ihren Lauf, und am Ende eines langen Tages finden alle, dass Berge zwar ganz schön anstrengend sein können, aber eigentlich doch richtig toll sind.

Warum schnurren Katzen?

»Sind die süüüß!«, schwärmt Emma. »So tapsig und drollig.«

Marie nickt und sagt stolz: »Es sind fünf kleine Katzen! Und jede sieht anders aus!«

Maries Katze Camille hat vor ein paar Tagen Junge bekommen. Und heute darf sich Maries beste Freundin Emma die jungen Kätzchen anschauen. Natürlich ganz behutsam, damit die Katze und ihre Jungen sich nicht erschrecken. Sonst käme Camille vielleicht noch auf die Idee, die Jungen irgendwo zu verstecken.

»Sieh mal, das hier hat ein schwarzes und ein weißes Öhrchen!«, sagt Marie.

»Und dieses hier ist ganz schwarz, hat vier weiße Pfötchen und einen kleinen weißen Fleck auf der Nase. Ach, ich hätte zu gerne auch eine Katze«, sagt Emma und bekommt einen ganz verträumten Blick. »Zu dumm, dass meine Mama keine Katze möchte!«

»Das ist wirklich schade«, sagt Maries Mama. »Du kannst die Kätzchen aber jederzeit besuchen und mit ihnen spielen, sobald sie etwas größer sind.«

»Oh ja! Das mache ich«, antwortet Emma glücklich. Sie lacht und streichelt sanft das schwarze Kätzchen mit den vier weißen Pfötchen und dem kleinen weißen Fleck auf der Nase.

»Alle fünf schnurren schon wie die Weltmeister«, stellt sie fest.

»Ja, vor allem, wenn sie bei der Mutter trinken. So wie jetzt. Das haben sie gleich von Anfang an gemacht«, sagt Marie.

»Schon gleich nach der Geburt?«, fragt Emma erstaunt.

Marie nickt. »Schon gleich nach der Geburt.«

»Dann haben sich die Kätzchen bestimmt gleich sehr wohlgefühlt«, überlegt Emma.

»Ganz bestimmt! Aber Katzen schnurren nicht nur, wenn sie sich wohlfühlen«, erklärt Marie. »Sie schnurren auch, um sich gegenseitig mitzuteilen, dass alles in Ordnung ist. Die Jungen schnurren, um ihrer Mutter zu sagen, dass genug Milch da ist und alle satt werden. Und die Mutter schnurrt, um ihren Jungen zu zeigen, dass keine Gefahr droht und sie in Ruhe trinken können.«

Emma staunt, was Marie alles über Katzen weiß.

»Und welches Junge ist als Erstes geboren?«, fragt sie.

Marie guckt verschmitzt. »Das mit dem weißen und dem schwarzen Öhrchen. Das ist auch das kräftigste. Die kräftigsten kommen immer zuerst. Damit erleichtern sie den kleineren den Weg«, erklärt Marie und nimmt das Kätzchen vorsichtig auf den Arm.

Emma ist ganz aufgeregt. Bei der Geburt wäre sie auch gerne dabei gewesen. »Das war bestimmt spannend!«, sagt sie.

»Und wie!«, ruft Marie.

Ihre Mutter lächelt. »Camille hat das ganz toll gemacht! Und das, obwohl es ihre erste Geburt war! Sie wusste gleich, was sie machen musste. Natürlich waren wir die ganze Zeit bei ihr und haben ihr gut zugeredet. Aber eigentlich hat sie alles allein gemacht. Und geschnurrt hat sie!«

»Geschnurrt?«, fragt Emma. Das versteht sie nicht. »Sie hatte doch bestimmt starke Schmerzen?«, fragt sie nach.

Marie nickt. »Genau deswegen. Katzen versuchen, sich mit ihrem Schnurren selbst zu beruhigen«, sagt sie.

»Echt?«, fragt Emma.

»Ja. Katzen schnurren auch, wenn sie große Angst haben oder sich bedroht fühlen.«

Emma staunt. Das hätte sie nun wirklich nicht gedacht!

»Was du alles weißt! Fast so, als wärst du selbst Katzenmama geworden.«

»Ein bisschen bin ich das ja auch«, antwortet Marie. »Schließlich ist Camille *meine* Katze.«

Genau in diesem Moment miaut Camille, so als ob sie sagen wollte: »Hallo! Ich bin die Katzenmama!«

Aber was ist das? Camille schnurrt und miaut ja gleichzeitig!

»Wie kann das denn sein?«, fragt Emma.

Das weiß Marie auch nicht. Zum Glück ist ja noch Mama da, die sich mit Katzen richtig gut auskennt.

»Das Schnurren ist das Ergebnis rhythmischer Impulse aus dem Kehlkopf der Katze«, erklärt sie. »Aber viel interessanter ist eigentlich, was das Schnurren für einen Sinn hat. Beim Schurren vibriert nämlich der ganze Katzenkörper, und das scheint heilend zu wirken. Amerikanische Forscher haben herausgefunden, dass Hauskatzen am liebsten mit einer Frequenz von 25 Hertz, mit einem starken Oberton bei 40 Hz, schnurren. Genau gesagt, ist die Frequenz beim Ein- und Ausatmen unterschiedlich. Beim Einatmen schnurren Katzen im Bereich von 25–28 Hz, beim Ausatmen im Bereich von 27–40 Hz. Zusätzlich konnten die Forscher kräftige, harmonische Schwingungen in diesen Frequenzen messen, von denen man sagt, dass sie Schmerzen lindern und Knochen heilen.«

»Was ist denn eine Frequenz?«, fragt Marie.

»Übersetzt heißt Frequenz nichts anderes als Häufigkeit. Somit ist mit Frequenz die Anzahl der Schwingungen einer Schallwelle gemeint. Und Hz ist die Maßeinheit für die Frequenz. Sie beschreibt die Anzahl der Schwingungen pro Sekunde. Bei 25 Hz schnurrt die Katze also 25-mal in der Sekunde.«

»Und was sind Schallwellen?«, fragt Emma.

»Schallwellen sind Töne«, erklärt Maries Mama. »Fängt Camille zum Beispiel zu schnurren an, versetzt sie ihren Körper und die Luft um sich herum in Schwingungen. Über die Luft werden diese Schwingungen an unser Ohr übertragen. Dort treffen sie auf unser Trommelfell, das dann auch wieder in Schwingungen versetzt wird. So können wir das Schnurren hören.« Und während Maries Mama erklärt, fährt sie mit dem Zeigefinger von Camilles Kopf durch die Luft bis in Maries Ohrmuschel.

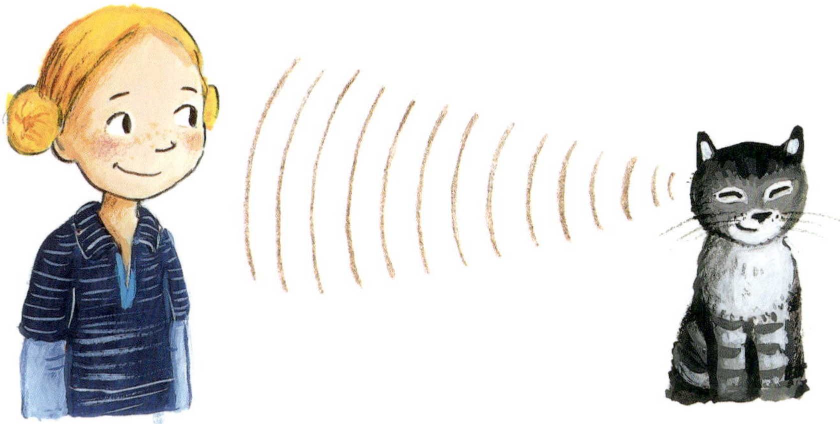

»Hihi, das kitzelt!«, kichert Marie.

»Ich hab's verstanden!«, sagt Emma.

»Schade nur, dass wir nicht schnurren können«, sagt Marie.

Emma nickt. »Ja, oder dass das Schnurren der Katzen nicht auch uns gesund macht«, fügt sie hinzu.

»Oh, das tut es!«, sagt Mama. »Das ist ja das Tolle! Wenn Katzen auf unserem Schoß sitzen und schnurren, tut das unserem Körper gut, und es kann auch heilsam sein! Für ältere oder kranke Menschen ist das absolut perfekt.«

»Wenn das so ist, werde ich meiner Oma eine Katze schenken«, sagt Emma fröhlich. »Ihr tun nämlich ganz oft die Knochen weh. Und ich wüsste auch schon ganz genau, welches Kätzchen ich da nehmen würde!«

Marie lächelt. Sie weiß nämlich, welches Kätzchen Emma meint. Weißt du es auch?

Rätselteil

Rätsel zur Geschichte

„Warum hat ein Igel Stacheln?“

Hast du gut aufgepasst und kennst die richtigen Antworten?

1. Wie heißt der Hund, der sich in der Geschichte mit einem Igel anlegt?

   a) Bello
   b) Herr Schulz
   c) Yannik

2. Wann rollen sich Igel zusammen?

   a) Wenn sie sich bedroht fühlen
   b) Wenn sie Hunger haben
   c) Zum Schlafen

Lösung: 1b, 2a

Rätsel zur Geschichte

„Warum fallen wir nicht von der Erde?“

Setze die Buchstaben der richtigen Antworten der Reihe nach in das Lösungswort ein

1. Was ist Mikas Lieblingsessen?

   A Reis
   E Spaghetti mit Tomatensoße
   I Bratkartoffeln

2. Wie wird die Erdanziehungskraft noch genannt?

   D Schwerkraft
   B Muskelkraft
   S Motorkraft

Lösungswort: ___ R ___ E

Lösung: ERDE

Bilderrätsel

Weißt du, zu welchen Geschichten diese Bilder gehören?

1.

a) Warum kann man sich nicht selbst kitzeln?
b) Warum geben wir uns die rechte Hand?
c) Kann man mit den Fingern lesen?

2.

a) Warum jucken Mückenstiche?
b) Warum gibt es Berge?
c) Warum fallen wir nicht von der Erde?

Lösung: 1c, 2a

Rätsel zur Geschichte

„Hat ein Taußendfüßer wirklich 1000 Füße?“

Hast du gut aufgepasst und kennst die richtigen Antworten?

1. Wo leben Tausendfüßer überall?

    a) Nur bei Tim und Luis im Garten
    b) Fast auf der ganzen Welt
    c) Am Nordpol

2. Worin transportieren Tim und Luis den Tausendfüßer?

    a) In einem Schuhkarton
    b) In einem Glas
    c) In einem Koffer

Lösung: 1b, 2a

Rätsel zur Geschichte

„Wo geht der Astronaut aufs Klo?“

Hast du gut aufgepasst und weißt, welche Aussagen wahr oder falsch sind?

1. Wenn er groß ist, möchte Elias Feuerwehrmann werden.

   ☐ wahr ☐ falsch

2. Elias träumt, dass er in einer Rakete durch den Weltraum fliegt.

   ☐ wahr ☐ falsch

3. Ein Astronaut geht aufs Weltraumklo.

   ☐ wahr ☐ falsch

4. Elias bekommt von Onkel Jörg ein Buch über Tiere geschenkt.

   ☐ wahr ☐ falsch

Lösung: 1 falsch, 2 wahr, 3 wahr, 4 falsch

Rätsel zur Geschichte

„Warum müssen wir schlafen?“

Setze die Buchstaben der richtigen Antworten der Reihe nach in das Lösungswort ein.

1. Was kocht Paula?

   B Suppe
   F Kartoffelbrei
   T Lasagne

2. Paulas Papa hält einen …

   I Mittagsschlaf
   A Schönheitsschlaf
   R Sekundenschlaf

3. Was haben Menschen, die zu wenig schlafen?

   E Große Füße
   U Ein schlechtes Gedächtnis
   K Blaue Augen

Lösungswort: ___ R ___ ___ M

Lösung: TRAUM

Rätsel zur Geschichte

„Warum gibt es Berge?“

Hast du gut aufgepasst und weißt, welche Aussagen wahr oder falsch sind?

1. Konrads Mama kriegt die Krise, wenn ihr etwas nicht passt.

   ☐ wahr ☐ falsch

2. Konrad fährt mit seinen Eltern nach Frankreich in den Urlaub.

   ☐ wahr ☐ falsch

3. Es dauert viele Millionen Jahre bis Gebirge entstehen.

   ☐ wahr ☐ falsch

4. Konrads Familie fährt mit dem Auto durch die Alpen.

   ☐ wahr ☐ falsch

Lösung: 1 wahr, 2 falsch, 3 wahr, 4 falsch

Geschichtennachweis

Die folgenden Geschichten wurden von Petra Maria Schmitt verfasst:

Warum kann man sich nicht selbst kitzeln?
Warum fallen wir nicht von der Erde?
Hat ein Tausendfüßer wirklich 1000 Füße?
Wer knipst das Licht im Kühlschrank an und aus?
Wie kommt das Küken in das Ei?
Warum jucken Mückenstiche?
Wo geht der Astronaut aufs Klo?
Kann man mit den Fingern lesen?
Warum schnurren Katzen?

Die folgenden Geschichten wurden von Christian Dreller verfasst:

Warum hat ein Igel Stacheln?
Warum essen wir mit Messer und Gabel?
Warum tut Haareschneiden nicht weh?
Was hört man in einer Meeresschnecke rauschen?
Warum geben wir uns die rechte Hand?
Warum haben Zebras Streifen?
Wie kommt der Regen in die Wolken?
Warum müssen wir schlafen?
Warum gibt es Berge?